KB180688

# 디자인 정책이론과 응용 연구

이 연구는 北方工業大學科硏啓動基金資助項目成果이다.

# 디자인 정책이론과 응용 연구

왕 설 영

역락

# 머리말

지난날 글로벌시장의 경쟁에서 중국은 줄곧 빠른 생산과 저렴한 가격을 경쟁의 무기로 삼았다. 그러나 인도의 생산기술력의 재고와 더욱 저렴한 생산원가로 인해 중국의 우위는 차츰 사라지고 있다. 중국 고유의 자원을 발굴하고 진일보한 글로벌 시장에서 "중국제조"의 제품이 인정받으려면 반드시 디자인, 연구, 창의성 등 영역에서 우수성이 입증되어야 중국기업이 글로벌 시대에서 발전할 수 있다.

POTER는 어떤 기업이든 한 단계 높이 오르려면 "상대원가" 및 "차별화"에 의거해야 한다(Porter. M, "The Competitive Advandtage of Nations, Free Press", New York, 1996)고 하였다. 중국이 차츰 원가의 우위를 상실한 후 글로벌 시장체제에서 중요한 위치를 점유하려면 세계시장에서 중국상품의 "차별화" 강조가 절대적인 관건이다. "차별화"를 달성하는 방법 중 제일 직접적인 방식은 중국의 독특한 문화를 발굴하는 것이다. 또한 기업이 디자인을 발전시키는 것이 글로벌 시대에서 자아문화를 표현하는 제일 좋은 전략이다.

디자인은 국가문화, 기업문화, 소비시장, 생활태도 등을 막론하고 매우 위력이 있는 경쟁무기로 보고 있다. 예를 들면 SAMSUNG, SONY, PHILIPS 등 세계적으로 유명한 기업들은 모두 창의적인 디자인 관점에서 제품의 실용적 기능과 스타일을 연구한다. 디자인을 통하여 제품에 창의적인 가치를 부가하여 제품의 시장 경쟁력을 높이려고 한다. 그러므로 디자인은 산업이 글로벌 경쟁을 할 때 확실히 중요한 무기 중 하나이다. 일본은 지역적인 특수한 사회적 문화를 이용하여 일본 국내 기업들이 다양하고 정교한 상품을 생산하여 국내 소비자의 요구를 만족시켰고 나아가 다른 나라 소비자의 소비 습관에 영향을 주었다. 또한 세계시장에서 수요를 확대하여 글로벌 경쟁의 우위를 차지하였다.

그러나 OEM이 주요 산업형태인 중국 기업들은 디자인의 착안점을 대부분 "수출 인도 상품"의 대리 상품에 두거나 국외의 기술을 합작한 기업 제품의 디자인에 둔다. 즉 중국 본토의 문화적 측면과 관련된 디자인은 극히 적은 실정이다. 이러한 원인은 중국인들의 디자인 가치에 대한 인식이 결여되어 디자인의 진정한 가치가 내수시장 활성화 기능을 할 수 없기 때문이다.

또한, 산업 경쟁력을 가진 전략적 디자인이 세계적인 주목을 받고 있다. 영국, 독일, 프랑스, 일본, 한국 등 선진국은 비즈니스 분야와 긴밀한 협력 속에서 디자인 정책과 진흥 프로그램을 개발하였다. 이러한 디자인 정책은 여러 가지 면에서 비슷하며 일자리와 비즈니스 창출에서 국가의 역할이 중요할 뿐 아니라 경제력 향상과 경쟁력 달성을 위한 전략적 도구로서 디자인을 강조되고 있다. 따라서 디자인 정책들은 사회적 책임과 복지의 중요성을 강조한다. 하지만 공공분야와 민간분야는 디자인에 대한 의식, 핵심 목표, 특성화 목표가 국가별로 차별화될 수 있다.

스칸디나비아(Scandinavia) 국가들은 디자인 정책이 국가 전체적으로 적용된다. 비즈니스와 산업의 역할이 중요하기는 하지만 많은 나라의 디자인 정책은 정부의 지원을 받는다. 예를 들어, 영국은 정부 주도형 디자인 진흥정책이라고 할 수 있다. 정부예산으로 디자인 진흥기관을 설립·운영하며 갖가지 지원 정책을 펼치고 있다. 반면에 미국은 민간 주도형 디자인 진흥 정책을 실시하는 대표적인 국가이다. 이탈리아와 호주의 디자인 진흥정책은 지역적인 성향이 크고 특정 지역과 그 지역의 요구에 따라 정책이 수립된다.

앞에 언급한 대로 각 나라의 디자인 정책의 본질은 비슷하다. 하지만 글로벌 경쟁력을 강화하기 위해서는 국가와 지역을 특성화시켜야 한다. 특성화는 국가의 장점과 경쟁 능력에 초점을 두어 차별화 시키는 전략이다. 이를 위해서는 새로운 지식과 연구가 중요하다. 디자인과 디자인의 용도를 지속적으로 개발하여 디자인을 글로벌 경쟁 요인으로 유지해야 하기 때문이다.

선진국의 훌륭한 디자인 정책의 성과와 비교할 때 중국의 디자인 정책과 진흥기관의 역사는 매우 짧은 편이다. 선진국가들은 기술과 건전한 거시 경영에 초점을 두고 있다, 예를 들어 핀란드의 혁신 시스템은 세계적으로 인정을 받고 있는 바, 비즈니스와 정부 협력이 조화롭고 정보를 잘 사용하므로 높은 성과를 올리고 있다. 그러나 중국은 실질적인 국가적 차원의 디자인 정책이 거의 없다. 국가의 중심정책이 없기 때문에 재정적 지원이 불충분한 단편적이고 분리된 모형만이 존재하고 있다.

이러한 이유로 중국의 디자인 정책과 디자인 시스템의 관계를 볼 때 용어상 모순이 된다. 지방에 분산되고 조화롭지 않은 방안으로는 기업,

디자이너, 디자인 과정을 지원할 수 있는 국가적 차원의 디자인 정책을 수립할 수 없다. 디자인을 포함한 정책과 주도권은 영토상 단편적이고 분할되어 있어 시도가 중복되는 경향이 발생한다. 또한 효과와 성과를 분석하고 커뮤니케이션하면서 평가하는 제도도 없다. 따라서 중국에는 구조틀 연구, 수량적, 정량적 분석, 디자인과 혁신에 대한 자료가 거의 없는 셈이다.

그러므로 중국기업이 세계시장에서 성공하는 지름길은 확고한 디자인 의식의 재고와 함께 국가차원의 정책을 수립하여 추진해야 한다. 중국의 디자인 정책 발전은 몇 년간 모두 과학기술부와 공업디자인협회가 산업의 발전수요에 따라 국가의 디자인발전 정책방향을 주도하였다.

복합적인 주제를 인정하고 조화를 이루는 통합된 요소가 없다면 정책 개발을 위한 중국의 디자인 정책의 독립적인 전략적의 가치는 지방과 특정 영역 차원에 그치게 되고 네트워크가 될 가능성이 없이 개별 단체만이 자체 통합 모형을 만들어 낼 뿐이다. 따라서 이 글은 중국의 디자인 진흥정책 방향을 수집하기 위해 선진국의 디자인 진흥정책을 고찰, 비교 분석하고자 한다.

2015년 7월
왕설영

# 차례

# 제1장 디자인 정책의 개념과 본질

이 글에서는 중국의 디자인 진흥정책 방향에 대해 21세기의 새로운 디자인 정책 전략방향을 제안하고자 한다. 따라서 세계 각 국가의 디자인 정책의 개념을 정립하고 디자인 정책 의의를 고찰함으로써 국가의 디자인 정책이 국가 전반적인 디자인 경쟁력 강화에 어떤 영향을 주는지를 파악하여, 정부가 경제, 사업체, 디자인교육 변화를 모색할 때 어떠한 디자인 정책을 추진하였는지를 이해하고자 하는 것이다. 이 장은 디자인 정책 전반에 대한 개념과 역사적인 고찰보다는 디자인 정책 진흥프로그램과 디자인 정책의 개발과 응용에 초점을 두었다.

## 제1절 디자인 정책 개념 및 유형

### 1. 디자인 정책의 개념

정책이란 주제는 연구자가 강조하는 현상이 어떤 면이냐에 따라 조금씩 다르다. 따라서 그 정책 개념은 관점과 목표에 따라 다르게 정의할 수 있다. 이런 다양한 정의를 일반화하기 위해서 정책은 실현할 목표를 가진 정부 활동과 관련되며, 그 목표는 미래에 달성할 의도적이고 계획된 행동지침이다.

정책이란 말은 본질적으로 정치적 목적을 수행하기 위한 정부의 방책을 의미한다. 따라서 정책은 연구자가 현상의 어느 면을 중시하느냐에 따라서 그 대상이 달라지며, 정책의 개념 또한 바라보는 관점과 추구하는 목표에 따라서 다양하게 정의될 수 있다.[1]

이러한 관점에서 정책은 정부활동과 관련되며, 실현 목표가 있고, 그 목표가 미래에 달성되는 의도적이며 계획적인 실행지침이라고 할 것이다.

디자인 진흥정책을 위한 디자인 정책(Design Policy)의 개념을 정의하기 위해 정책의 사전적 의미를 살펴보면 "정치적 목적을 실현하기 위한 방책"[2]으로 정치적 목적에 따라 정책의 개념도 달라짐을 의미한다.

알페이 얼(H.Alpay ER)은 정책이란 '정부가 채택한 도구적 기구'로서, 이를 통해 결정자들 자신이 이러한 목적을 인식하고 자기화하기까지는 특정한 경제적, 사회적 목적을 성취하기 위한 강제적 압력이 높아지게 된다고 말한다.[3]

디자인 정책은 디자인과 정책의 혼합어이다. 따라서 디자인 정책의 개념은 디자인과 정책의 개념으로 결정된다. 이 중 특히 디자인의 개념이 더 중요하다. 이것은 디자인 정책과 관련된 대부분의 이슈가 정책의 개념보다는 디자인의 개념에서 나오기 때문이다.

디자인 현상은 인간의 삶을 정의하기 위해 다양한 것들을 연계시킴으로서 형성되며, 쉽게 정의하기 어려우므로 아주 복잡한 의미를 함축하고

---

1) 정정길, 『정책학원론』, 대명출판사, 1997, 51쪽.
2) 표준국어대사전 국립국어원, http://www.korean.go.kr.
3) 알페이 얼, "디자인 정책이 필요한가? : 개념적 틀로서의 터키 사례 연구", p.161.

있다. 따라서 디자인은 관심 분야에 따라 다르게 사용되며, 디자인 콘셉트 역시 다른 관점에서 정의한다. 이런 현실을 고려할 때 디자인 콘셉트를 분명하게 정의할 필요가 있다. 하지만 이 글은 디자인에 대한 기존의 정의를 소개하거나 새로운 정의를 내리기보다는 일반화된 디자인 콘셉트를 토대로 디자인 정책의 개념을 요약하고자 한다.

전체적으로 선진국의 디자인 정책은 훌륭한 성과를 올리고 있다. 여러 국가들은 비즈니스 분야와 밀접한 연관에서 디자인 정책과 진흥 프로그램을 개발하였다. 각 국가의 정책은 여러 분야에서 유사하며 일자리와 비즈니스 창출에서 국가의 역할이 중요할 뿐 아니라 경제적 진보와 경쟁력 향상을 위한 전략적 도구로서 디자인을 강조하고 있다. 게다가 이런 진흥정책들은 사회적 책임과 복지의 중요성을 강조한다. 그러나 공공분야와 민간 분야에서 디자인에 대한 의식, 중심 목표, 특정 목표가 각 국가마다 다를 수 있다.

여러 학자들의 개념 정의를 살펴보면 이순종은 "디자인을 통하여 달성하고자 하는 정치적 방침이며, 이것은 특정 시대와 지역의 디자인 이념과 행동 지침을 포괄하는 강령을 다루고 있어 국가나 기업적 차원 모두에서 매우 중요한 역할을 하고 있다."[4]고 제시하였다. 즉, 디자인의 가치를 무엇에 두는가를 정의하는 것이 디자인 정책의 개념적 정의의 출발이며 디자인 정책의 목표를 정의하는 것이다.

또한 정경원은 "디자인을 위한 제반 진흥 활동이 실질적으로 이루어지도록 하는 육성 및 지원체제"[5]라고 디자인 정책의 개념을 정의하였다.

금진우는 디자인 정책이란 "전반적인 시민의 문화 활동을 배경으로

---

4) 이순종, 『디자인 정책의 현황과 전망』, 한국디자인산업연구센터, 2000, 6쪽.
5) 정경원, 『사례본 디자인과 브랜드 그리고 경쟁력』, 웅진북스, 2004, 127쪽.

문화적 가치성과 경제적 가치 획득을 위한 정부의 중장기적 목표의 형성과 그 목표 달성을 위한 의도적이며 계획적인 행동 및 행동 지침을 의미한다."[6]라고 하였다.

한편 디자인 정책에서 선도적인 학자라고 할 수 있는 HK Polytechnic University의 존 헤스켓(John Heskett)은 디자인 정책을 "디자인이라는 특정 주제에 대한 정부 의도에 관한 일련의 원칙, 목적, 절차"라고 정의하고 있다.[7] 국가 경쟁력을 강화하기 위하여 경제우위를 얻기 위한 수단으로서 기술과 디자인을 향상시킨다고 디자인 정책의 정의를 제시한다.[8]

알페이 얼은 사용 용어를 명확히 하기 위하여 '디자인 정책'을 국가 디자인 자원을 개발하고, 국제 시장에서 국가 경제의 강점을 높이기 위해 기업이 효과적인 자원으로 활용하도록 고무시키는 것을 목적으로 한 체계적인 정부의 노력이라고 설명하고 있다.[9] 이러한 정의는 디자인과 정부, 즉 국가 차원 사이의 직접인 관계를 의미한다. 따라서 디자인 정책에 대해 논의하고 정책을 마련하려는 모든 경제적 관점에서 디자인과 국가 정치 사이의 관계의 속성을 분석해야 할 필요가 있다. 디자인의 정치경제적인 이해가 요구된다.

Hyoene와 Heikkinen는 디자인을 취업과 사업기회 창출 역할뿐 아니라 경제 프로그램과 경쟁력 향상을 위한 전략적 도구로 보는 정부 정책이자 프로그램으로 설명할 수 있다.[10]

6) 금진우, 「디자인의 경제적 문화적 가치에 주목하여 디자인 정책」, 3(한국학총서 5), 고신대학교, 한국디자인학술, 13쪽.

7) John Heskett, *"Toothpicks and Logos : Design in Everyday Life"*, New York : Oxford University Press, 2002, p.180.

8) Elizabeth(Dori) Tunstall and Casey Jones, *"Beyond the Document : Living Institutions of US National Design Policy"*, 2010 Design Management Review Volume 21, Issue 4. 2010, p.17.

9) H.Alpay ER. *"Does Design Policy Matter The Case of Turkey in a Conceptual Framework"*, 성남 국제 디자인포럼 2002 결과보고서, 2002, p.161.

지젤 로레크-머피(Gisele Raulik-Murphy)는 "정부는 디자인 자원을 개발하고 효과적으로 활용하기 위해 정치적 비전을 프로그램으로 만들어 실행한다"라고 하고 있다.[11] 국가적 차원의 디자인 프로그램은 경제 발전에 기여하는 정도에 초점을 두고 있다고 밝혔다.

이들의 논문이 Heskett의 형식적 정의보다 앞서지만 Kash와 Walton은 디자인 정책이 경제적 경쟁력에 도움이 된다고 보고 있으므로 그 의견을 거부하는 셈이다. 미국에서는 경제적 경쟁력을 높이는 주체는 정부가 아니라 기업 공동체라고 주장한다. 이와 같이 디자인 정책은 국가적 차원의 경제적 경쟁력에 초점을 두는 것으로 정의할 수 있다. 그러므로 디자인은 취업과 사업기회의 창출 역할뿐만 아니라 경제 프로그램과 경쟁력 향상을 위한 전략적 도구로 보는 정부의 정책이자 프로그램이라 할 수 있다.

디자인 정책은 국가의 각 분야에 대한 디자인 진흥을 목적으로, 정치, 경제, 문화, 사회 등 다양한 분야의 정신적, 물질적 이득을 위한 전략적 활동으로 국가의 중장기적 정책목표의 수립과 목표 성취를 위한 의도적이며 체계적인 활동 및 그 행동 지침이라 말할 수 있다.[12]

디자인 정책은 문화적 가치와 디자인이 함축한 사실성 면에서 디자인을 이해해야 한다. 디자인이 함축하는 문화적 가치를 회상할 때 디자인 정책은 거시적 관점에서 문화적 정책의 개념과 유사하다. 부가 가치를 생성하기 위한 경제적 요인 면에서 디자인 정책은 물질적 풍요와 정신적 안정을 위한 정부의 의도적인 지시라고 말할 수 있다.

---

10) Hyoene and Heikkinen, They also note the growing importance of social responsibility, p.2.
11) Gisele Raulik-Murphy, *"Policies in support of design"* Report, Dylunio cymru design wales. DME Workshop Barcelona, 2008.
12) 조규명·김양호, 「국가 디자인 진흥 정책 방향 연구」, 3(한국학총서 5), 한국콘텐츠학회, 2007.6, 1-52쪽.

디자인 정책의 개념을 요약하자면, 디자인 정책은 정부의 중장기 목표를 세우고 시민의 문화적 활동을 토대로 문화적 가치와 경제적 가치를 얻고자 하는 의도적이고 계획된 행동이자 행동 지침이다. 이런 의미에서 디자인 정책의 특징은 첫째, 정신과 감정의 안정, 창조적인 면과 시민의 문화적 활동을 토대로 그 안에 함축된 전통의 연관성을 전제로 한다. 둘째, 경제적 가치를 얻기 위해 중장기적인 목표를 세우고 실행한다. 셋째, 의도적이고 계획된 것이므로 그 목표와 관련하여 창조적인 본질을 갖는다. 넷째, 행동과 행동 지침을 수반한다.

이상의 개념은 정리하면 다음 <표 1-1>과 같다.

〈표 1-1〉 선행 연구자들의 관점에서 본 디자인 정책의 정의

| 연구자 | 년도 | 디자인 정책의 정의 |
|---|---|---|
| Hyoene and Heikkinen | | 디자인을 취업과 사업기회 창출 역할뿐 아니라 경제 프로그램과 경쟁력향상을 위한 전략적 도구로 보는 정부 정책이자 프로그램 |
| 금진우 | 2000 | 전반적인 시민의 문화 활동을 배경으로 문화적 가치성과 경제적 가치 획득을 위한 정부의 중장기적 목표의 형성과 그 목표 달성을 위한 의도적이며 계획적인 행동 및 행동 지침 |
| John Heskett | 2002 | 디자인이라는 특정 주제에 대한 정부 의도에 관한 일련의 원칙, 목적, 절차로 이해될 수 있음. 국가 경쟁력을 강화하여 경제우위를 얻기 위한 수단으로서 기술과 디자인을 향상시킨다고 디자인 정책의 정의를 제시. |
| H. Alpay ER | 2002 | 국가 디자인 자원을 개발하고, 국제시장에서 국가 경제의 강점을 높이기 위해 기업에서 효과적인 자원으로 활용하도록 고무시키는 것을 목적으로 한 체계적인 정부의 노력 |
| 이순종 | 2004 | 디자인 정책은 디자인을 통하여 달성하고자하는 정치적 방침이며, 이것은 특정시대와 지역의 디자인 이념과 행동지침을 포괄하는 강령을 다루고 있어 국가나 기업적 차원 모두에 있어서 매우 중요한 역할 |

| 연구자 | 년도 | 디자인 정책의 정의 |
|---|---|---|
| 정경원 | 2004 | 디자인을 위한 제반 진흥 활동이 실질적으로 이루어지도록 하는 육성 및 지원체제 |
| Gisele Raulik-Murphy | 2008 | 정부는 디자인 자원을 개발하고 효과적으로 활용하기 위해 정치적 비전을 프로그램으로 만들어 실행 |

이상 논의된 "디자인 정책"의 관점에서 볼 때 지금까지의 중국 디자인 정책은 국가의 전반적인 경제정책에 의한 부분으로서 의미를 가지고, 산업 정책 혹은 산업 진흥정책의 한 분야로만 편중되어 다루어져온 한계가 있다. 따라서 디자인 정책의 수립과 집행도 기업의 지원 요청이나 필요에 정부가 지원하는 방식이었다. 디자인 정책이 디자인학계나 전문가 집단에서 조차 이런 수준의 디자인 진흥정책으로 이해되고 연구되어 왔다.

최근 중국정부의 디자인 관련 정책들을 살펴보면 디자인에 대하여 단순한 진흥책이 아닌 "디자인 문화와 기업 변화에 큰 영향을 주는 것이 국가 전략이다."라는 개념과 같이 국가의 역할을 잘 할 수 있도록 하는 디자인에 대한 의식의 변화가 필요하다. 디자인 정책에서 산업·교육·연구정책은 분야의 중요도에 따라서 산업정책, 교육정책, 연구정책으로 나누어 관리되었다. 그런데 21세기 문화산업의 시대, 디자인 정책이 다뤄야 할 범위에서 문화정책은 중요한 가치로 등장했다. 그러나 과거와 달리 정책의 분야는 어느 한 곳에 편중되기보다 서로 유기적으로 어우러져야함을 전제한다. 이 글에서 중점적으로 다루게 될 디자인 정책의 범위는 디자인 연구정책의 체계가 된다.

## 2. 디자인 정책 역사

디자인 분야는 100년 이상 정부의 지대한 관심아래 사회 경제적인 발달에 기여하여 왔다. 디자인을 처음 공예에 이용하는 것에서부터 산업정책에 이용하는 것과 최근 사회 개혁과 사용자 중심의 정책 결정을 포함하는 범위까지 패러다임의 변화가 두드러진다.

디자인의 가치에 대하여 대부분 긍정적이나 디자인이 세계 발전에 어떻게 기여하였는가는 아직 불투명하고 충분한 연구가 이루어지지 않은 상태이다.13) 미시적 차원에서 중소기업이 비즈니스 개선을 위하여 디자이너를 발굴하여 디자인 프로젝트의 관리 방법을 교육 지원함은 문제가 있다. 또한 거시적 차원에서 국가의 경쟁우위와 사회, 경제적 성장 개선을 위해 디자인과 디자이너의 활용 방법을 제시 지원할 필요가 있다. 이 두 가지 차원에서 디자인에 관한 이해가 부족하므로 많은 나라에서 중재가 필요하다. 중재는 시민, 회사, 정부에게 디자인의 혜택과 디자인을 잘 이용하는 방법에 대한 지식을 전달해주는 행위이다. 디자인 진흥을 위하여 회사와 정부정책을 위한 지원 프로그램 같은 형태로 이루어 질 수 있다.

디자인 정책은 디자인 자원을 개발하고 효율적인 활용을 장려하기 위한 정부전략이다. 이런 전략의 일부는 디자인과 창작이 번성할 수 있는 환경을 만드는 것이다. 디자인 전문가의 전문성을 이용하여 회사가 자체 상품과 서비스의 개발을 장려하고, 공공분야 과정을 개선하여 접근성이 있고 포괄적인 서비스 제공을 위해 디자이너와 공동 작업이 가능한 환경을 조성하는 것이다. 디자인 정책은 국가차원에서 디자인 활용에 대한

---

13) Thenint, H, *"Design as a tool for innovation-Report. Brussels : PRO INNO Europe : INNO GRIPS"*, Marseille, 26-27, June, 2008.

전략적인 비전과 플랜을 결정한다. 그리고 그 정책은 디자인 진흥과 지
원 프로그램을 통해 전달된다. 디자인 진흥 프로그램은 대중에게 디자인
의 혜택에 대한 인식을 높이기 위하여 전시, 출간, 행사 등 수단을 이용
한다. 또한 회의, 워크숍, 진흥전시를 통해 집단을 목표로 삼는다. 디자
인 정책 프로그램은 비즈니스와 공공분야와 공동 작업을 하여 조언과 지
원을 통해 디자인을 효과적으로 활용한다.

디자인 교육은 디자인 정책의 중심으로 디자인 전문가의 인원, 자질,
전문성이 정책에서 구상한 기대치와 부합할 수 있도록 해야 한다. 디자
인 정책은 전 세계적으로 수십 년 동안 실행되어 왔다. 그러나 디자인
정책은 최근에 혁신과 디자인의 경쟁우위를 개선하기 위한 방안에 관심
을 높아져 글로벌 시장 경쟁이 치열해 짐에 따라 토론의 주제가 되었다.
대부분 새로운 주제의 토론에는 실무자를 위한 프로그램이나 자료제공
이 충분하지 않은 실정이다.

이와 같이 디자인 정책 분야의 연구를 통하여 디자인 진흥 범위를 이
해하고 현황을 파악하고 현재의 문제를 제기하여 디자인 발전을 위한 새
로운 지표와 사고를 도출할 수 있다. 디자인 정책과 진흥 프로그램의 운
영현황에 대한 역사적인 고찰은 다음 <표 1-2>과 같다.

〈표 1-2〉 디자인 정책 역사 단계

| stage 1<br>디자인<br>진흥의 시작 | stage 2<br>국가디자인<br>프로그램의 설립 | stage 3<br>아시아와 동유럽<br>디자인 활성화 | stage 4<br>디자인 의제 확대 | stage 5<br>디자인의 정부<br>정책 통합 |
|---|---|---|---|---|
| • 디자인 발달, 창작, 혁신에 영향을 미쳐왔다. | • 국가진흥기관의 설립<br>• 국제디자인 진흥협회 설립 | | • 디자인은 전략적 도구이자 스타일 자산으로 인정 받기 시작했다. | • 핀란드 2005<br>• 한국 5개년 디자인 계획 실행<br>• 뉴질랜드 디자인 프로그램 |

## 가. 제1단계 : 디자인 진흥정책의 시작

정부의 디자인 정책의 참여는 현대에 이르러 생긴 관행이 아니다. 지금까지 수 세기 동안 정부의 정책 결정은 긍정적, 부정적인 방식으로 디자인 발달, 창작, 혁신에 영향을 주었다. Heskett는 고대 역사에서 디자인 정책의 양상을 강조하며 경제적인 문제에 통치자의 간섭은 혁신을 막는 것이며, 기존의 기술과 사회의 안정에 저해가 된다는 점에서 위험하다고 지적하였다.[14] 저자는 권력을 상징하는 아이콘의 생산을 조절하고자 숙련된 기술자와 워크숍을 개최한 이집트의 파라오와 북인도의 모굴을 인용하였다. 디자인의 긍정적인 홍보의 사례는 18세기부터 찾아볼 수 있다. 당시 유럽의 국가들은 국내 제조 산업을 보호하기 위한 조치를 채택하였다. 그중 지역 생산개발을 위한 장려정책으로 세금 공제, 국제 무역과 공예 교육을 위한 투자들을 활용하였다.

1798년 산업 혁명의 도래가 도화선이 되어 국가 산업 진흥을 위한 첫 번째 행사가 이루어졌다. 산업진흥 전시회가 바로 그것이다. 1798년 파리에서 개최된 선도적인 행사는 프랑스의 농업발전과 기술의 향상을 고무시켰다. 이 전시회는 프랑스 산업부흥에 크게 기여하여 계속 개최되었으며, 특히 1839, 1844, 1849년 행사는 그 규모가 크게 확대되었다.[15]

그 당시 프랑스의 디자인 주도권은 유럽 전역에 확산되었다. 즉 베른으로부터 마드리드(Berne and Madrid, 1845), 브뤼셀(Brussels, 1847), 보르도(Bordeaux,

---

14) Heskett, J, *"Aspects of Design policy in History"*, SEE Bulletin : Issue 2, 2010, January, pp.3-6.

15) Raulik-Murphy, G. & Cawood, G. *"Historical review of the paradigm shift in design policies"*, Proceedings of the Cumulus Shanghai Conference 2010 : Young Creators for Better City and Better Life, Shanghai, China : Cumulus Association, SEE Bulletin-Issue 4 (October 2010), PDR/Design Wales, 16p, ISSN 2044-3226, 2010, p.120.

1847), 성페테스부르그(StPetersburg, 1848), 리스본(Lisbon, 1849)16)에 이르기까지 프랑스의 디자인 영향이 미치게 되었다. 선진 외국의 디자인에 대한 경험으로 업체의 제조업자들이 서로 경쟁하게 되고 저렴한 생산비와 품질 좋은 재료가 제품의 우수성 기준이 되는 명예로운 보상을 제공함으로서 산업 기술에 자극이 주어져 국가적 우위를 획득하였다.17)

이 경쟁에 대한 반응으로 라이벌인 영국은 1851년 '전 세계국가 산업공예품 대전'을 개최하였다. 이러한 유형의 행사는 처음이 아니었으나 전 세계국가들을 초빙한 가장 큰 첫 번째 행사였으며, 영국 제조업자들은 경쟁에서 이길 것이라는 확신을 가지고 있었다. 전 세계에서 100,000여 점의 전시물이 출품되었다. 목표는 산업디자인을 고무하기 위해 미술과 과학을 접목 협력시키려는 것이었다. 이 '대전'은 예고된 근대화의 산업 기술과 디자인이라는 찬양을 받았다.18)

1851년의 '대전' 전시회는 런던에 망명 중인 나폴레옹 3세에게 감동을 주었다. 그는 프랑스로 돌아와 파리 근대화 목표를 세우고 1855년 제국 강화 축하전시회를 열었다. 34개국이 참가하여 168,000 평방미터의 샹젤리제의 라빌레트 궁전에서 전시를 하였다. 기술 개혁으로 알루미늄판과 Goodyear 방수상품이 개발되었다.19)

그러나 프랑스 전시회는 불행하게 투자액이 회수되지 않아 재정상으로 적자를 초래하였다. 반대로 영국 전시회는 수익률이 엄청났다. 1851년

---

16) Raulik-murphy, Gavin cawood, op.cit. 2010, p.120.
17) 영국 미술 협회(Council of the UK Society of Arts) 1845년 5월 선언문, 2004, p.4.
18) Gibbs-Smith, Charles Harvard, *"The Great Exhibition of 1851-a commemorative album"*, London, H.M. Stationery Of. 1964.
19) Bri tish Library, Help for Ressearchers Great Exhibitions, Retrieved 1 December 2008, form http://www.bl.uk/reshelp/findhelpregion/europe/france/france/frenchexhibitions/frenchgreatexhibitions.html, 2008.

Royal Commission for the Exhibition(국립전시위원회)은 산업교육의 수단을 늘리고 과학과 미술을 통하여 생산 산업에 미치는 영향의 확대를 목표로 수익을 관리하였다. 런던에 86에이커의 땅을 구매하고 세 개의 박물관, 극장, 중요한 교육기관, 임페리얼 왕립대학, 로얄 예술대학 등을 포함하여 문화 허브를 설립하였다. 이어서 1891년 국립위원회는 교육 신탁을 세워 영국 산업을 위해 과학과 기술개발 지원의 연구보조금을 지급하였다. 급기야 2007년 자선금이 무려 16만 파운드를 초과하였다.[20]

산업진흥 이외에도 디자인은 미술과 결합하여 진흥채널을 창안하였다. 19세기 말경, 두 개의 중요 기관이 스칸디나비아에 설립되었다. 스웨덴 공예 디자인협회(Swedish Society for Crafts and Design, 1845)와 핀란드 공예디자인협회(Finish Society of Crafts and design,1875)는 설립목적으로 산업체의 공업기술을 저렴한 제조업으로 발전시켰다. 또한 양 협회는 핵심 활동도 비슷하였는데 수공기술을 가르치는 일요학교를 지원하는 것이었다. 양 협회 모두 국제전시 출판의 조직화와 박물관과 산업, 학문의 지원 프로그램 확립으로 진흥활동 기관이 되었다. 마침내 일요학교는 현대의 교육기관으로 진화하였다. 즉 University College of Arts, Crafts and Design(Konstfack)와 University of Art & Design Helsinki로 협회 자체가 국가 디자인 진흥조직이 되었다(Svensk Form and Design Forum Finland[21]).

미국은 20세기 초 상품수요, 기계발달, 대량생산의 증가로 디자인 전문성이 확립되었다. 1913년 산업디자이너라는 직책이 미국 특허청에 처음 등록되었고 산업 미술이란 현대용어와 동의어가 되었다. 미국 장식미

---

20) "The Royal Commission for the Exhibition of 1851(N.D.).", Abourt us, Retrieved 1 December, 2008, from http://www.royal commission 1851, org. uk/about.html.
21) Design Forum Finland, Design Forum Finland-History, Retrieved 1 November 2007, from http://www.designforum.fi/history, 2006.

술공예가조합(AUDAC)이 설립되어 디자인 특허와 보호를 위한 법제적 기틀을 세우고자 하였다.[22]

## 나. 제2단계 : 국가 디자인 프로그램의 설립

두 차례의 세계대전은 상품과 진흥을 포함하여 전쟁 산업을 지원하기 위해 디자인이 요구되던 시기로 보아야 한다. 그러나 산업분야 디자인을 활용하기 위하여 정부가 프로그램을 장려한 시기는 아니었다. 2차 대전 이후에야 비로소 디자인 홍보와 정부 산업디자인 장려 정책이 융성하게 되고 소비 상품 수요와 수출과 무역의 기회로 자극을 받았다. 전후시대 디자인과 건축은 나라의 재건과 시민 삶의 질 향상에 중요한 역할을 하였다. 결과적으로 국가진흥기관을 설립하였을 뿐만 아니라 국제적 디자인행사 및 국가별 디자인 행사가 다수 개최되었다.

1) 국가 진흥기관의 설립 : 영국의 디자인 카운슬(Design council.1944), 독일 디자인 카운슬(German design Council.1953), 일본 G-Mark상(1957), 노르웨이 디자인 카운슬(the Norwegian design council.1963), the Design Institute in South Africa(1965), 일본 산업 디자인 진흥원(JIDPO, 1969).

2) 미국 모던아트 뮤지엄에서 비엔날레 디자인전(1950-1955).

3) 국제디자인 진흥협회 설립 : 국제산업디자인단체협의회(ICSID, 1954), 인테리어디자인국제연맹, 세계실내건축가연맹(IFI, 1961), 국제그래픽디자인협회(ICOGRADA, 1963).

---

22) Gantz, C, History : IDSA and its predecessors, From : http://www.idsa.org.absolutenm.temp lates.?a=80&z=28.

4) 1958년 모던 디자인 정책 발표 : '인도 리포트'는 Eames Report로 알려짐.[23] 이 문서로 인도의 디자인 교육기관 재단이 세워지고 1961년 국립디자인국이 설립되었다.

1950년대부터 디자인, 스타일, 산업간 연계가 상업적 우위와 수출 자산으로 인정받기 시작했다. 이런 개념을 염두에 두고 여러 국가들은 산업디자인 단체 설립에 투자하였다.

### 다. 제3단계 : 아시아와 동유럽 국가의 디자인 활성화

1980년대와 1990년대 세계 2개 지역 국가에 디자인 진흥기관이 생겨났다. 즉 극동 아시아 국가인 일본, 한국, 대만, 홍콩과 동유럽 국가인 에스토니아, 헝가리, 슬로바키아이다. 극동 아시아 국가들은 남의 디자인을 모방하여 저렴한 상품을 생산하였다는 인식을 디자인, 혁신, 기술 활용 등의 우수성을 반영한 상품이라는 인식으로 변화시키는 디자인 홍보에 참여하였다. 수출과 경제 발달의 기여 목표를 가지고 동아시아 국가들은 디자인 홍보에 많은 투자를 하였다. 산업, 대회와 세미나를 위한 특정 프로그램 외에도, 디자인센터 오픈에도 투자가 이루어졌다. 이런 투자는 한국과 대만의 5개년 계획처럼 5년 후 수정을 거친 적절한 정책이 있었다.[24] 투자규모, 센터의 크기와 숫자, 정책개발 능력과 달성 결과물이 극동아시아 국가들의 디자인 홍보의 특징이 되었다.

동유럽 국가에서는 1980년대 공산주의 몰락, 소비에트 연맹의 해산,

23) Eame, C. & Eames, R, India report (also known as Eames Report), Ahmedabad : National Institute of Design NIP, 1958.
24) Robert Blaich & Janet Blaich, *"Made in Taiwan : Designing aNew Image"*, Design Management Review, Volume 4, Issue 3, Summer 1993, pp.36-40.

시장의 개방과 더불어 정치적인 개혁에 직면하였다. 이런 변화를 바탕으로 국제 대회와 상품 수출의 필요성 때문에 디자인을 산업에 활용하게 되었다. 흥미롭게도 이런 시나리오의 변화(경쟁을 위해 시장 보호, 통제)와 연계된 디자인 프로그램의 실행으로 인해 동유럽 국가들은 디자인에 커다란 과제를 안게 되었다. 아래 체코공화국과 헝가리의 상황에서 이러한 과제를 설명해 준다.

전체적인 기획단계에서 1989년 이전대로 디자인 계획이 수립되었다. 생산에 디자인을 이용하고 창작위원회가 구성되어 생산의 미적인 특징을 평가하였다. 1989년 이후 초기에는 디자인 업계에 문제가 적지 않게 발생하였다. 즉 다수의 생산업체에서는 디자인 자체를 고가의 제품비용과 문제야기의 원인이라는 인식이 팽배하였다.[25]

기대와 달리 디자이너들은 시장 경제에서 많은 이익을 얻지 못했다. 상품 디자인이 한 사례다. 공산주의 시대의 주택개발 같은 사회 프로그램과 대기업은 산업디자이너에게 좋은 일자리를 제공해 주었다. 정치, 경제적인 변화에 이어 이전의 대규모 핵심 기업이 소규모 회사들로 분할되어 매각되거나 폐업하였다. 회사 내 디자인팀도 해체되었다.[26]

이러한 문제해결을 위하여 국가에서는 디자인 진흥정책이 강하게 추진되었다. 정부 지원을 받거나 디자인 분야 자체의 주도권을 통해 동유럽 국가에서 디자인 프로필을 축적하는 데 관심을 집중하였다. 유럽의 펀드도 프로그램 실행을 위하여 사용되었다. 동유럽 국가의 또 다른 특

---

25) Raulik-Murphy, G. & Cawood, G, *"Historical review of the paradigm shift in design policies"*, Proceedings of the Cumulus Shanghai Conference 2010 : Young Creators for Better City and Better Life, Shanghai, China : Cumulus Association, SEE Bulletin-Issue 4 (October 2010), PDR/Design Wales, 16p, ISSN 2044-3226, 2010, p.121.
26) Raulik-Murphy, G. & Cawood, G., op.cig, 2010, p.121.

징은 그들 간 강력한 네트워크와 상호지원으로서 정보 흐름을 자극하고 디자인 홍보활동의 실행을 지원하였다. 지역 간 회의를 통해 정보공유를 장려하고 중유럽 국가들과 동유럽 국가의 디자인 관련기관 디렉토리는 헝가리 디자인 의회에서 관리하였다. 상호지원과 서유럽 국가들의 프로그램 경험을 학습함으로써 이 국가들은 자체의 디자인 프로그램을 개발하였다. 에스토니아 디자인센터, 폴란드 산업디자인기관의 디자인 유어 프로핏(Design Your Profit) 프로그램, 슬로박 디자인센터 등이다.

### 라. 제4단계 : 디자인 의제 확대

21세기 초에 디자인은 전략적 도구이자 스타일 자산으로 인정받기 시작했다. 이는 디자인 프로그램과 회사 접근법에 반영되었다. 덴마크의 디자인센터는 이런 개념을 근간으로 덴마크 디자인 래더(Danish Design Ladder)를 세워 회사가 채택한 디자인 활동수준을 평가하도록 하였다. 그 틀은 4단계로 구성 된다.－디자인의 비 활용, 스타일링으로서 디자인, 과정으로서 디자인, 전략으로서 디자인27)－ 디자인 래더는 회사에 디자인을 응용하기 위한 확실한 틀이 되었다. 디자인 과정에 대한 설명 외에도 래더를 통해 디자인 지원 프로그램은 중재 효과를 측정하였다. 이런 이유로 유럽의 다른 나라에서도 그 방법을 채택하였다(스웨덴, 오스트리아, 영국).

21세기 첫 10년 동안 아시아 국가들은 디자인 진흥에 많은 투자를 하였다. 특히 서양 국가를 중심으로 한 국제적인 캠페인에 투자하였고, 한국이 가장 두드러진 정책을 세웠다. 산업디자인 진흥을 위한 3차 종합 디자인 진흥계획(2003년~2007년)에서 지역마다 디자인센터를 설립하였다. 극동

---

27) Ramlau, U. & Melander, C, *"In Denmark, DesignTops the Agenda"*, Design Management Review, 15(4), 2004, pp.48~54.

아시아 지역이 선택한 다른 진흥전략은 비엔날레 회의와 국제 협의회(세계 산업디자인단체협의회(ICSID)와 국제그래픽디자인협의회(ICOGRADA))같은 국제적인 행사를 조직하는 것이었다.

디자인이 전략적 과제로 채택된 후 디자인 진흥과 지원 프로그램도 발달하였다. 더욱 양질의 기획이 필요하며 디자인 기획이 중요해졌다. 5개년 계획을 추진하던 한국과 대만 이외에 2000년 핀란드(Design 2005), 2005년 영국(The Cox Review), 2007년 덴마크(디자인 덴마크)와 인도(National Design Policy)가 디자인 정책을 발표하였다.

## 마. 제5단계 : 디자인의 정부 정책 통합

21세기의 첫 10년은 디자인 정책의 발전이 두드러졌다. 그 10년이 끝나갈 즈음, 세계 선진 경제 국가들은 디자인 진흥 프로그램을 개발하고 있었다.[28] 즉 핀란드의 디자인 2005정책, 영국의 디자인협회와 덴마크의 덴마크 디자인센터가 시행한 프로그램들, 한국에서 실행한 5개년 디자인 계획, 뉴질랜드의 디자인 프로그램을 들 수 있다. 디자인 정책이란 토픽은 글로벌 경쟁이 융합된 결과 중요성이 커졌으며, 모두 디자인이 경제 성장을 촉진하는 국가전략의 일부가 되는 성공 스토리가 되었다.

경험이 늘자 관행도 다양해지고 향상되었다. 또한 디자인 정책의 범위는 디자인 원리의 발전과 더불어 확대되었다. 산업과 경제적 이익 증진에 디자인을 활용하는 일에 대해 의문을 갖기 시작하면서 인간의 삶의 향상, 정치적 과정뿐 아니라 공공 서비스와 인프라 구조의 개선을 위해 디자인 홍보 전략의 잠재력에 대한 영향력이 지대하였다(참여적 민주주의,

---

28) Raulik, Gisele ; Cawood, G., & Larsen, P, "*National Design Strategies and Country Competitive Economic Advantage*", The Design Journal, Volume 11, Number 2, September 2008, pp.119-136.

전자 정부, 공동 창작 같은 것을 강조함으로서)는 인식이 확산되어 갔다. 이런 개념은 Design of the Times(DOTT, 영국), Design for All Europe(EIDD)같 은 프로그램에 제시된 원칙을 따른다. 또한 유럽의 디자인 정책29)과 북 미의 디자인 정책30) 논의에서도 이러한 개념이 강조되었다.

국가마다 재정 위기와 경기침체에 직면한 이후로 민간기관과 공공기 관이 전략적으로 디자인 활용을 제조업에 응용함으로써 디자인 영역을 넓힐 수 있었다. 결과적으로 경제, 사회 문제해결을 위한 방안을 강구해 야 했다. 유럽국가들의 경우 경쟁력 확보와 사회 발전을 이루기 위해 정 책결정자들이 파악한 두 가지 중심 이슈는 혁신과 지속 가능성이었다. 전 통적인 혁신의 추진력(연구 개발과 상품 개발)은 혁신의 범위와 깊이를 확대 함으로써 보완되는 실정이었다. 이런 변화를 위해서는 상설적인 혁신 기 구를 기초로 새로운 정책적 도구가 필요하였다. 즉 경쟁력뿐 아니라 환경 과 사회적 관심 같은 사회적 욕구를 다룰 수 있는 도구로 디자인은 정책 적 차원에서 더 많은 관심을 받을 만한 혁신도구 중 하나로 등장하였다.

디자인과 정부 정책을 통합하는 단계에서 특정 정책을 요구하는 독립 형 개체보다는 다학문 간의 질서에 디자인을 포함시키는 것이 추세이다. 즉 디자인이 혁신과 지속성 정책 영역의 중심 요소라는 인식이 생겨났 다. 이런 새로운 위치설정은 디자인이 한정된 정책을 극복하는 영향력을 가질 수 있다. 이 시나리오는 독립된 질서보다는 사회 경제적인 정책의 일부로 디자인을 통합할 가능성이 있다. 이것이 정책결정 시 디자인에 대한 인식의 변화를 가져온다.

---

29) Thenint, H. Design as a tool for innovation-Report, Brussels : PRO INNO Europe-INNO GRIPS, 2008.
30) Thorpe, A. Design policy, more thoughts, long-ish : PhD-Design@Jiscmail.ac.uk, 2009.

## 3. 디자인 정책 유형

선진국가들의 디자인 진흥정책과 형태는 각 국가별로 각기 다른 특징들을 가지며 각 국가의 특징에 적합한 형태로 발전해 왔다. 알페이 얼(H. Alpay ER)은 정부의 개입 정도에 따라 국가 디자인 정책을 통제형, 중앙집중형, 분산형, 혼합형 및 통합형으로 분류하고 있다. 디자인 진흥정책의 모형은 다음 <표 1-3>와 같다.

〈표 1-3〉  국가 디자인 진흥정책의 모델 유형[31]

| 유형 | 내용 | 해당국가 |
|---|---|---|
| 통제형 | • 중앙정부가 기업을 소유하고 디자인 정책수립과 집행을 담당 | 구소련, 동유럽 |
| 중앙 집중형 | • 정부가 기업과 협조하여 주요 디자인 정책만 결정하고 집행<br>• 디자인은 산업 정책의 일환<br>• 국제 경쟁력 강화 차원에서 산업계의 디자인 역량을 강화하는데 상당한 재원을 투자 | 대만, 한국 |
| 분산형(위임형) | • 디자인에 대한 민간 위임을 원칙으로 정부대행기관이 역할 수행<br>• 디자인에 대한 총체적인 정책은 부재 | 덴마크, 스페인, 프랑스 대분분의 유럽 소재 디자인기관 |
| 혼합형 (간접적 모형) | • 디자인이 국민의 이익에 부합되는 범위 내에서 정부가 간여<br>• 중앙집중형이 분산형을 사안별로 선별 채택 | 미국, 독일, 일본 |
| 통합형 | • 디자인 정책을 기술혁신 정책이나 중소기업 정책과 같은 여타 거시 정책과 통합<br>• 세계화에 따른 정부 정책 제약에 대한 대응책<br>• 최근 혼합형에서 통합형으로 전환되는 추세 | 핀란드 |

---

31) 존 헤스케이, "분류한 국가 디자인 정책 유형에 저자가 통합형을 가미하여 재분류", 1993, p.170.

## 1) 통제형

통제형 디자인 정책은 산업이 정부 영향력에 속해 있고 디자인 정책은 중앙정부에 의해 실행된다. 중앙정부가 기업을 소유하고 디자인 정책 수립과 집행을 국가가 관장하는 것으로 동유럽 국가들이 이 경우에 해당되며 현실적인 정책안이 아니다.[32]

## 2) 중앙집중형

앙 집중형의 경우에는 디자인을 산업 정책의 일환으로 파악하고 정부 주도하에 주요 디자인 정책이 수립·집행되며, 특히 국제 경쟁력 강화 차원에서 산업계의 디자인 역량 강화에 상당한 재원을 투자하는 경향을 보인다.[33]

그러나 부처나 지자체별로 업무와 비용이 중복되거나 여러 절차상의 문제로 사업진척이 느리고, 고비용 구조를 띠는 단점도 있다. 현재 중국 디자인 진흥체제도 지자체의 디자인 전담부서와 지역 디자인센터의 설립 등을 통해 외형적으로는 분권형으로 점차 변화되고 있는 추세이나, 운영면에 있어서는 여전히 중앙집중형 특징을 나타내고 있다.

## 3) 분산형(위임형)

분산형은 정부나 비정부 디자인 진흥단체를 통해 기능한다. 이들은 정

---

32) 이일규·김태완, 『디자인 정책, 21세기 국가 선진 전략』, 세계디자인경영연구원, 2009, 62쪽.
33) 이일규·김태완, op.cit, 2009, 62쪽.

부와 산업체로부터 자금 지원을 받는 준독립기관이다. 이 모델은 디자인에 대한 국가적 정책은 없고 대신 디자인센터들이 디자인 진흥을 위해 활동하는데 열악한 재정상태로 인해 현실적으로 큰 변화를 일으킬 힘은 거의 없다. 이 모델은 디자인에 대한 민간위임 형태로 정부대행기관이 역할을 수행하고 있다.34)

### 4) 혼합형(간접적)

혼합형은 중앙 집중형과 분산형을 사안별로 채택하는 방식으로 가장 바람직한 모델로 평가되고 있다. 그러나 처음 디자인 정책을 기획하는 정부에게는 현실적인 안은 아니다. 오히려 일정 기간 동안 중앙 집중형이나 분산형 정책을 시행한 후 전환 국면을 하는 적절한 모델이라고 볼 수 있다.

덴마크, 스페인, 프랑스 등 북유럽 국가들은 민족의 발전과 조형언어의 발전이 일치하여 혼란이 적고, 그 연속성으로 인해 디자인의 수준이 높은 편이다. 교육, 문화, 민간, 공공, 산업부문 할 것 없이 전반적으로 높은 디자인 수준을 자랑한다. 또 독일을 제외하고는 국가경제를 주도하는 대기업이 제조업 중심이 아니라는 점도 특이하다. 정부나 대기업을 중심으로 디자인이 발전된 것이 아니라, 일반 대중들의 생활문화로 정착되어 발전된다는 점에서 문화적 관점에 가장 이상적인 진흥체제라 할 수 있다. 정부가 직접 디자인 진흥에 나서지 않고, 민간 협회에 위탁함으로써 자율적이고 민주적인 디자인 진흥이 가능하다는 장점이 있다.

---

34) 이일규·김태완, op.cit, 2009, 62쪽.

### 5) 통합형

통합형 디자인 정책은 1990년 중반 이후 최근에 출현한 이 새로운 정책모델로서 디자인 정책이 혁신정책 또는 중소기업 정책과 같은 하나 혹은 그 이상의 거시정책 범위에 통합된다. 세계화의 진전에 따라 정부는 점차 직접적인 정책 기구를 상실해가고 있어 통합적인 접근이 필요하게 되었다. 핀란드의 경우 디자인 정책이 국가 혁신시스템의 하나로 통합되고 있으며 혼합형 정책을 추구하는 여타 유럽 국가들도 이 새로운 형태로 점차 이동하고 있는 추세이다. 이 모델은 별도의 국가 디자인 정책은 없으나 혁신과 중소기업 정책을 이미 시행하고 있는 나라의 초기 디자인 정책입안에 도움을 주는 형태라고 볼 수 있다.[35]

디자인 정책 유형의 구분기준에 따라 서구의 디자인 진흥체제를 살펴보면 서구 선진국가 중 북유럽국가들은 완전한 민간주도형이고, 독일과 영국, 프랑스, 일본 등은 간접체제를 선택하고 있다. 흥미로운 점은 대만을 중도주의적 모형으로 분류하는 것이다. 프랑스, 영국, 일본 등은 권위적인 강력한 정부를 유지하는 국가들이지만, 문화·예술 분야에는 분권적이며 간접적인 디자인 지원정책을 펼치고 있다. 부처별·지자체별로 디자인 진흥의 역할을 분리하여 담당하고 있으며, 중앙정부는 정보교환이나 중간조정자의 역할을 하고 있다. 이들 국가의 특징은 과거 제국주의 국가들로 현재도 권위적인 정부 형태이고 산업경제력이 막강하다는 것이다. 한편, 미국은 자유방임적 태도가 디자인 진흥에도 그대로 적용되어, 민간과 기업에 자율적으로 맡겨두고 있다.

---

35) 알페이 얼, "디자인 정책과 글로벌 네트워크, 세계 디자인 정책의 현황과 미래", 2002, pp.170-172.

[그림 1-1] 국가 디자인 진흥정책의 모델[36]

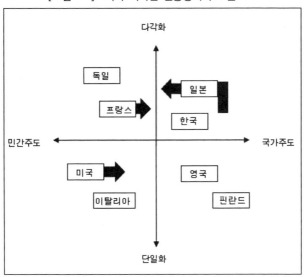

디자인 진흥체계는 환경의 변화에 따라 조금씩 변화하고 있다. 우선 앞서 언급했듯이 일본은 과거 영국과 같은 전형적인 정부주도와 단일화된 디자인 진흥 체계를 갖고 있었으나 현재는 다원화된 정부 및 민간 주도 병행 형태의 디자인 진흥체계를 가지고 있다. 반면, 미국에 디자인 정책을 추진하는 정부기관은 따로 없다. 대신 순수 민간 디자인 단체가 디자인 분야의 권익 확보와 발전을 위해 민간 주도의 사업을 수행하고 있다. 전형적인 민간 주도의 디자인 진흥 활동이 주를 이루었던 프랑스나 미국의 경우도 최근에는 정부의 지원을 이끌어내기 위한 노력이나 연방 정부 차원의 정책 추진이 이루어지고 있다.[37]

---

36) 정경원, 『디자인 전략의 모방자에서 선구자로』, 디자인학연구, 2004, 390쪽.
37) 이일규·김태완, 『디자인 정책, 21세기 국가 선진 전략』, 세계디자인경영연구원, 2009, 65-66쪽.

# 제2절 디자인 진흥 정책의 본질

## 1. 디자인 정책 목적 및 필요성

### 가. 디자인 정책 목적

정책 목표란 정책을 통해 달성하려는 미래의 바람직한 상태, 즉 정책이 추구하는 미래상이며 희망하는 결과이다. 이것은 정책과정의 전반에 걸쳐서 정책의 방향을 제시해주는 핵심적인 기능을 수행한다. 한국 디자인 정책의 목표는 2008년 발표된 제4차 디자인 진흥 종합계획에 비전으로 제시되어 있다. 현 정부 국정과제 중 하나이기도 한 "창의적인 디자인 강국 구현"이라는 비전 아래 첫째, 디자인산업 규모를 2006년 6.8조원 수준에서 2012년 144.4조 원 수준으로 확대하고, 둘째, 디자인 분야의 고용을 현재 10만 명 수준에서 2012년 15만 명 수준으로 늘리는 것이다. 셋째, 디자인 수지는 적자 상태를 2012년까지 흑자 전환하고, 마지막으로 국가 디자인 경쟁력 순위를 현재 세계 9위 수준에서 세계 5위 수준으로 재고하는 것이 당면 목표이다.[38]

한국은 중국, 일본 등이 주변을 둘러싸고 있는 동아시아 지역의 디자인산업을 주도하도자 한다. 한국 정부는 필수적인 인프라 구조와 지식기반을 만들어 내고 디자인 교육의 양과 질, 그리고 산업에서 디자인이 활용되는 정도를 향상시킴으로써 해당 회사에서 고품질의 소비자 전자 상품을 효과적으로 디자인하였다. 예를 들어 삼성은 초점을 품질 디자인으로 전향하였다. 2001년 삼성은 특허품 생산 시상에서 IBM과 캐논 다음

---

38) 「제4차 디자인 진흥종합계획」, 지식경제부, 2008.

이고 소니, 히타치와 미쓰비시 전자를 앞선 세계 5위에 오르게 되었다.

핀란드, 스웨덴, 덴마크, 노르웨이, 아일랜드, 뉴질랜드, 한국 모두는 디자인 정책을 확립하여 국가적인 디자인 정책 목표를 세우고 실행하였다. 특히 영국과 한국의 경우 정부의 디자인 정책과 진흥 프로그램은 국제 경쟁에서 디자인의 역할을 강화하였다. 핀란드는 가장 경쟁력 있는 경제국 중 2위로 성장하였다. 안정된 상황, 정치적 지속성, 정부의 지원과 투자, 품질 교육, 디자인의 전통과 평판, 연구 개발에 대한 자극 등이 핀란드의 디자인 전략을 성공적으로 실행하게 하였다.

미국은 정부와 민간 자금으로 지원받아 전문디자인 기관이 디자인 진흥의 대표적 사례이다. 그 디자인 진흥기관은 의무와 위치를 반영하는 자신들의 입지를 성공적으로 확립하였다. 하지만 개개 유럽공동체 국가에 비하면 운영 규모가 많이 달랐다. 유럽공동체 정부에서 디자인 정책과 홍보 구조가 빠르게 진화하고 있기 때문에 추후 연구를 위해 미국과 유럽공동체를 정확히 비교해야 한다.

또한, 디자인 정책이 성공적으로 수립함으로써 국가의 디자인 정책의 목표가 확립되었다. 디자인의 활용도는 수준에 따라 조직체계가 형성될 수 있는 목표와 다르다. 예를 들어 한국, 핀란드 등 나라들은 국가적 차원의 디자인 정책이 있고 영국은 디자인 진흥정책을 통해 유럽의 중심 디자인이 되고자 하며, 한국은 아시아의 중심 디자인이 되고자 하였다. 일본은 지역의 디자인 진흥정책은 지역제품의 브랜드 진흥에 집중한다. 여러 국가의 디자인 진흥정책을 비교분석해 보면 디자인 정책 목표 종류는 다음 <표 1-4>과 같다.

〈표 1-4〉 일반적인 디자인 정책 목표

| 구분 | 특징 |
|------|------|
| 질 높은 생활 수준과 복지 | • 환경 디자인<br>• 도시 환경 디자인<br>• 개인과 대중을 위한 디자인의 사회적 가치 |
| 교육 | • 수준 높은 전문적이고 다학문적 디자인 교육과 새로운 지식의 효과적인 보급 |
| 국가가 중점에 두는 정신적인 디자인 정책 목표 | • 강한 문화적 정체성과 국가적 이미지<br>• 교육<br>• 삶과 복지의 특징<br>• 디자인 정책전략<br>• 개인과 대중을 위한 사회적 디자인의 가치 |
| 경제에 대한 디자인 정책 목표 | • 경제적 진보를 위한 경제 전략으로서 디자인<br>• 수출 소득을 높이기 위한 디자인<br>• 비지니스와 디자인 분야의 효과성과 경쟁력<br>• 사업 활성화를 위한 디자인<br>• 전국적인 직업 창출과 비즈니스 기회 |
| 국가적인 차원 디자인 진흥정책 목표 | • 산업과 비즈니스<br>• 디자인 비즈니스와 인프라 구조<br>• 디자인 교육과 연구<br>• 공공분야<br>• 일반대중의 복지<br>• 국제 비즈니스 분야<br>• 회사<br>• 시장 |

정부의 의지는 디자인 정책의 전반적인 목적에 의해 포괄적으로 나타낼 수 있다. 정부가 표방하는 산업정책의 목적은 크게 <그림 1-2>과 같이 나타낼 수 있다.

〈그림 1-2〉 조동성의 디자인 정책의 목적39)

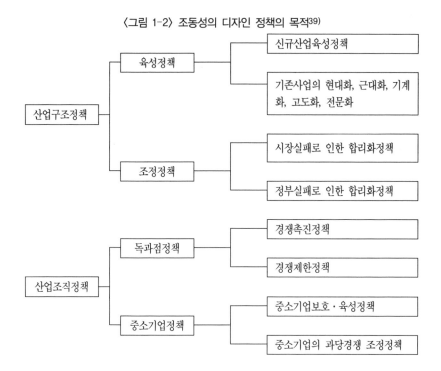

이상의 내용을 정리하면 디자인 정책의 목적은 다음과 같다.

첫째, 디자인 정책제도는 창조적인 활동을 지원하는 시스템이어야 한다. 따라서 어느 활동이든 구체화 없이 결과만을 강조하여 디자인이나 아이디어 창출 부진을 이유로 무시되어서는 안 된다.

둘째, 디자인이 인류의 생활에 바람직한 방향으로 도움이 되어야 한다는 점에서 디자인 정책제도는 인류생활이 감정적으로 풍부해지고 안전하도록 고쳐야 한다. 따라서 디자인 정책제도는 디자인이 도덕적인 삶을 위한 도움이 되도록 의무감이 포함되어야 한다.

---

39) 조동성, 「한일산업정책 비교연구」, 『경제학연구』 3(한국학총서 5), 한국경제학회, 1997.

셋째, 디자인 정책 제도는 생생한 문화와 문화적 발달에 기여할 수 있어야 한다. 디자인의 발달이 국제환경에서 전통문화를 계승하고 발전시키는 역할과 인간의 삶에서 하나의 문화로서 위치를 확보한 정책제도로서 본질을 가져야 한다.

넷째, 디자인 정책 제도는 디자인 수요를 창출하고 경제 활성화를 위해 경제적 발달의 핵심을 지원해야 한다.

이런 의미에서 중국의 디자인 정책 제도가 디자인과 디자인산업을 지원함에 있어서 보호적인 면과 규정적인 면이 있다는 것을 이해할 수 있다.

### 나. 디자인 정책의 필요성

디자인 진흥정책은 국가마다 다르기 마련이다. 어떤 국가는 고도로 체계화된 디자인 진흥정책을 가지고 있는 반면, 어떤 국가는 비교적 유연하고 소극적인 정책을 가지고 있다. 또한 후발국가에서는 성공한 선진국의 정책을 모방하려는 기회주의적인 입장을 취하기도 한다. 디자인 선진국들은 이미 오래전부터 디자인을 산업 및 제품의 경쟁력 과제로 추진하여 자국 사정에 적합한 장단기 전략을 종합적으로 수립하고 총체적인 관점에서 관련 분야와의 긴밀한 상호 연계성을 유지하면서 추진하고 있다.

세계적으로 1970년대 이후 사회의 중심 가치는 산업에서 정보로, 정보에서 지식으로 이동하였으며, 21세기 이후부터는 "전략"이 중심 가치로 부상하고 있다. 또한, 소비의 개념 역시 상품 자체만 구매하는 것이 아니라 제품에 담겨 있는 경험과 감성을 함께 구매하는 것으로 그 의미가 변화하고 있다. 따라서 디자인산업은 고부가가치의 창조적 상품을 매개하는 핵심 산업으로서 모든 산업의 중심이 되고 있다.

사회의 중심가치가 전략으로 이동한 현대 사회에서 한 시대의 정책

방향의 키워드로서 디자인은 매우 중요한 요소로 부각되고 있다. 이는 디자인이 시대의 사회적 상황을 조형적으로 실체화하고, 전략은 디자인 창조의 근원과 방향이 되기 때문이다. 특히, 문화와 디자인의 선순환 구조는 한 국가 발전의 기반을 조성한다. 세계화·정보화 흐름의 추세에서 독창적이고 다양한 디자인은 글로벌 경쟁력의 원천이 되고, 세련되고 다양한 디자인의 향유는 국민의 생활양식의 변화를 토대로 다시 질 높은 디자인을 창조할 수 있는 문화적 원동력이 되기 때문이다.

이미 선진국에서는 이러한 전략과 디자인의 선순환 구조를 활용하였다. 일본의 경우 국가의 전통적 문화와 디자인산업의 연계를 통한 "신일본양식"을 추진하여 디자인 경쟁력 방안으로 전통문화를 활용하고 있다. 또한, 영국은 "국가의 창의성을 혁신적으로 발전시키는 동력은 디자인"이라는 기지아래 국가의 문화적 저력과 디자인의 관계를 명확히 설정하여 디자인산업을 적극 육성하고 있다.

그러나 중국은 디자인 육성 정책을 문화적 가치보다는 산업적 가치 위주로 시행하여 소모성 예산 투입 중심의 진흥 일변도 정책이라는 비판을 받고 있다. 이는 중국 디자인 정책이 경험경제의 실현과 함께 등장한 문화적 가치를 디자인에 적절하게 반영하지 못하였음을 반증하고 있다. 특히 산업적 가치는 시장경쟁원리에 의해 자율경쟁의 힘과 연계되는 특성이 있지만, 문화적 가치와 관련된 측면에서는 장기적인 관점을 가진 국가의 디자인 지원이 절실히 필요한 실정이다.

## 2. 디자인 정책 영역

기존 디자인 정책은 국가 경제의 경쟁력 재고를 위한 측면에서는 '디자인 진흥(Design promotion), 혁신 정책(innovation policy)'으로, 그리고 국가
의 효과적 내부 통치를 위한 측면에서는 '디자인 지향적 정책(policy as
designed)'과 '디자인 표준(design standards)'으로 구분할 수 있다. 디자인 정
책의 중요 기조 요소들을 간략히 그림으로 설명하면 다음 <그림 1-3>
와 같다.

<그림 1-3> 디자인 정책 기조 요소[40]

1) 디자인 진흥(Design promotion)

디자인 진흥은 디자인 정책에 있어 주요한 전통적인 요소이다. 이것은

---

40) Elizabeth D.Tunstallm, *"Mapping the Design Policy Landscape"*, SEEdesign Buletin Issue 5, 2007, p.3.

두 가지 세부 항목 아래에서 수행될 수 있다. 산업디자인 진흥은 산업 분야에 있어서 전시나 시상 제도, 공모전, 출판, 정보 미팅과 같은 여러 가지 진흥장치를 통해 디자인을 적극적으로 진흥하는 것이다. 이것은 보다 큰 혁신으로 내부에서 디자인의 경쟁적 역할을 적극적으로 확산하는 것을 목적으로 하는 한편, 대중을 위한 진흥은 보다 광범위한 일반인을 대상으로 하며, 창조적인 디자인과 전문적인 디자인으로 인하여 사회적 위상을 높이는 디자인의 중요성을 알리는 것이다. 이로써 디자인의 발전과 사회 속의 창조적 문화를 키워갈 수 있다.

Dr. Elizabeth(Dori) Tunstall은 자신의 저서 "Mapping the Design Policy Landscape(2007)"에서 디자인 진흥을 다음과 같이 정의했다.

디자인 진흥은 첫째, 복합적인 디자인 특화 상품을 하나의 산업으로 통합 시킨다. 둘째, 디자인이 기업, 정부, 대중에게 기여한 정도를 유형적으로 입증한다. 셋째, 모범이 되는 디자이너를 부각한다. 넷째, 그 산업의 가치를 입증하는 데 필요한 기술을 가진 디자이너를 기른다.[41]

디자인 진흥은 형식적이거나 비형식적인 디자인 정책의 맥락을 나타낸다. 유럽, 북미, 아시아 등의 선진 산업 국가나 중진 산업 국가들이 가지고 있는 국가적 지역적 디자인 진흥정책은 2차 세계대전 이후 산업 정책이 성장했을 때 보여주는 것이다. 여러 가지 프로그램의 역사를 보면 알 수 있듯이, 디자인 진흥정책은 디자인센터와 진흥기관을 세워 자금을 지원하는 식으로 끝이 난다. 센터와 전시, 대회, 출판, 매장 등을 통해 경제와 상징적인 이익 속에서 디자인의 역할이 강화된다. 이러한 디자인 진흥 정책의 중심 의도는 다음과 같다.

---

41) Dr.Elizabeth (Dori)Tunstall, *"Mapping the Design Policy Landscape"*, seedesign bulletin Issue. 5, 2007, p.3.

디자인 진흥활동은 디자인센터와 쇼핑몰을 세우고, 대회, 전시회를 개
최하여 기존의 것과 새로운 디자인을 전시하고 디자이너를 홍보한다.

## 2) 혁신정책(Innovation Policy)

혁신정책은 산업정책을 현대식으로 해석한 것이다. 현대 경제는 제조
기반에서 서비스 기반으로 변화하였다. 정책은 디자인 진흥의 핵심적 의
도인 합병, 입증, 강조, 훈련 등을 기반으로 한다. 하지만 혁신적인 맥락
에서 비롯된 차이는 있다. SME 지원을 위한 디자인센터는 혁신정책이란
맥락에 의존하기로 한다.

혁신정책은 연구, 개발, 정부 조달, 디자인 전수와 확산, 지적 재산권
유지 등을 지원하여 디자인산업 혁신을 강화하는 활동이다. 또 중소기업
지원, 대기업 지원, 고등교육, 산업 취업을 포함한 인간의 개혁을 다룬
활동이다.

## 3) 디자인 표준(Design Standards)

디자인 표준의 핵심 의도는 정부기준과 통합하고, 안전, 지속가능성,
통합, 품질 등 디자인 기준의 실제 효과를 입증하며, 최고의 관행과 기준
에 따라 디자이너와 비(非) 디자이너를 훈련하는 것이다.

## 4) 디자인 지향적 정책(Policy as Designed)

디자인의 지향적인 디자인 정책 관리모형은 경제적 경쟁을 위한 디자
인 정책과는 다르다. 일차적인 의도는 정부기관과 관리구조를 통합하여

일반 시민의 전문성을 옹호하고 사회제도를 이해하는 방법으로 디자이너를 훈련시켜야 한다. 통합의 입장에서 정부기관은 이미 디자이너를 의사소통 부서의 직원으로 통합하고 있다. 그 의도는 디자이너와 전략과 정책 부서를 통합하겠다는 것이기도 하다. 정부 통합의 핵심 활동은 디자이너와 디자인 매니저를 모든 분야에 배치하고 디자이너를 위한 실제 공동체를 지원하며 디자인 기술과 정부의 HR(직원심리파악) 부서의 순위를 규정하는 것이다.

일반시민의 전문성을 옹호하려면 정부차원에서 시민중심 디자인과정에 맞도록 사용자 중심의 디자인과정을 조정해야 한다.

## 3. 디자인 정책 제도의 구성요인

디자인 정책 제도의 구성요인은 조직 구조상 비 계층적 형태와 인적 구성에서 고도의 전문성을 소유한 전문가로 구성하여 한다. 그러나 기능상 역할 부여에 따라 계층제적 형태와 일반 공무원으로 구성되는 것이 효율적일 수도 있다. 전자의 경우 조직 유형상 일종의 분할구도 조직에 해당 한다.42) 분할구도 조직은 고도의 기능적 전문성과 높은 자율성을 가지고 역할을 수행하는 장점이 있으나, 디자인 정책 체제로서 정책 형성 및 집행보다 조사 연구에 초점을 돌 수 있으며 디자인 정책의 실천성에 의문이 제기될 수도 있는 단점을 가질 수 있다.

후자의 경우 단순히 정부의 디자인지원 사업을 실행하는 정책 집행기관으로서의 역할을 강조하는 것으로 이는 조직 구조상 단순 구조의 기계

---

42) Stephen P.robbins, *"Organization theory : structure, design and application(3rd.) "(N.J. : Pretice)*, 1990, pp.275-307.

적 관료제[43])에 해당한다. 이 조직은 관료로서의 기능적 전문성과 상대적
으로 안정된 조직 여건 속에서 발달된 관료 조직을 이용하여 정책을 실
행할 수 있는 장점이 있다.

그러나 디자인 정책 제도 구성 요인의 정책 형성 기능은 취약할 수 밖
에 없고 주어진 정책 목표의 집행에 역할의 한계가 있다. 그러므로 정부,
기업, 학계, 디자인 전문체라는 기본적 요소로 구성되는 디자인 정책 체
제는 인적 구성의 내용에 따라서 조직의 성격과 기능의 차원이 서로 다
를 수 있다.[44]

또한 디자인 정책 제도 구성요인은 생활 문화 및 문화발전에 기여하
는 성격을 가져야한다. 디자인 정책 체계는 디자인 수요를 창출하고 경
제를 활성화시키는 경제발전의 핵심을 지원하는 성격을 가져야 한다. 이
렇게 볼 때 디자인 정책 체계는 디자인 및 디자인산업 지원에 따른 보호
적 측면과 함께 규제적 성격을 가지고 있음을 알 수 있다.[45]

디자인 정책의 전 과정에 관련되어 구성하는 요인들은 정책철학, 목
표, 수단, 대상 집단, 추진주체, 정책 담당자와 담당기관, 법과 제도, 사
회 경제요인, 문화적 요인, 정부와 기업의 의지 등 많은 변수를 들 수 있
다. 이 변수들이 상호 관련되어 디자인 정책을 형성하고 집행하며 정책
환경들을 생산해 낸다. 이들 변수 중에서 디자인 정책 체계의 중심을 이
루는 정책 형성전략은 기본요소로서 기업, 교육 및 디자인기관, 정부의
연계망에 의해서 이루어진다. 이들 요소는 각각의 전략을 가지고 기능을

---

43) 기업규모가 대규모화됨에 따라 점차 그 기능에 따라 조직을 구성하게 되고, 테크노스
　　트럭처와 지원 스텝이 구분되어 업무핵심층에 대한 정보와 조언, 지원을 담당하는 형
　　태, 흔히 기능식 조직을 말한다.
44) 금진우, 「디자인 정책의 발전방향에 관한 연구」, 대전대학교 대학원 학위논문(박사), 3
　　(한국학총서 5), 국회도서관, 2000, 30쪽.
45) 금진우, op.cit, 2000, 3쪽.

하지만 디자인 정책 형성의 차원에서 깊이 상호 관련될 수 있다. 디자인 정책의 이론적 배경과 정책적 특성을 고려하여 디자인 정책 체계의 연결 구조를 보면 <그림 1-4>와 같이 설명할 수 있다.

〈그림 1-4〉 디자인 정책 제도의 구성요인

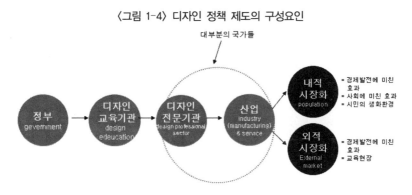

디자인 정책 전략이 요인의 활성화에 지대한 역할을 할 수 있다는 인식이 높아지면서 전략을 수립하는 프로세스에 대한 관심 또한 커지고 있다. 전략을 수립하는 데 영향을 미치는 여러 가지 요인들을 올바르게 투입하고 체계적으로 어우러지도록 하여 명확한 결과물을 도출하기 위해서는 과정과 절차가 필요하기 때문이다. 디자인 정책 전략을 수립하는 과정은 많은 정보와 데이터를 수반하고 다양한 능력을 가진 사람들이 많이 참여하게 되므로 매우 복잡한 양상을 띠게 마련이다.[46]

디자인 정책 전략은 기본적으로 디자인에 대한 이해를 바탕으로 구조화되어야 한다. 디자인 정책 전략의 기능에 있어서 가장 선행되어야 할 부분이 정책 철학이라고 할 수 있다. 디자인은 자율성과 창의성이 전제

---

[46] 박재연, 「디자인 경영 전략을 위한 다중 디자인 정책 체계」, 중앙대학교 대학원 학위논문(박사), 3(한국학총서 5), 국회도서관, 2006, 13쪽.

되는데, 이것은 디자인 정책이 높은 사회적 관찰력과 예측력을 가지고 있어야 하기 때문이다.

디자인 정책의 전반적인 절차와 관련된 요인들은 정책철학, 저액 목표, 정책수단, 정책 목표 집단, 정책 집행자와 정책, 법규, 제도 담당국, 사회 경제적 요인, 문화적 요인과 정부와 기업의 의지 등 여러 가지 변수가 포함된다.

디자인 정책 콘셉트와 정치적 특성을 고려할 때 디자인 정책 제도를 구성하는 변수 중 다음의 네 가지 기본 요소가 아주 중요하다.

### 1) 정부

정부는 기업의 활동을 지지하며, 동시에 그것이 사회적 공감과 책임을 갖도록 하는 정책적 역할에 초점을 두고 있다. 디자인은 기업에 있어서 제품에 대한 브랜드 인지도와 제품 기술력의 향상을 의미할 때, 소비자의 관점에서는 삶의 질을 높이는 문화적 측면이 되어야 한다. 또한 이를 통한 경제적 번영으로도 전개되어야 한다. 따라서 정부는 경제발전 전략의 중심에 디자인 전략을 설정해야 한다.

### 2) 디자인 교육기관

교육은 디자인 정책의 중심부가 되어 디자인 전문가의 수, 자질, 전문성 등이 정책에 구상된 기대치에 부합하도록 해야 한다. 대부분의 나라에서 디자인 교육 정책과 디자인 홍보 정책을 조정하는 것은 어려운 일이다. 일정을 관리할 책임은 다른 정부 부서가 담당하여 논리적인 정책 전략을 실행하기 위해서는 상당한 조정이 필요하다.

그러므로 국가 경쟁력 강화를 위하여 디자인 정책 과제를 가지고 디자인 전략을 확대하기에 적합한 디자인 전문가를 길러 내는 교육에 적합한 환경을 만들어야 한다.

### 3) 전문 디자인기관

무엇보다 축적되어 발달되어온 디자인이나 디자이너를 기업에 제공하는 역할을 함으로써 미래의 변화에 대한 체계적인 전망을 할 수 있다. 또한 기술로서 디자인이 기업 활동의 중심에 있고, 가치증대를 위한 디자인 기술로서의 디자인이 소비자의 구매 욕구를 자극하여 구매행동을 유발시킴으로써 시장을 지배할 수 있다. 이러한 디자인에 대한 중요성으로 전문 디자인기관이 연구 분석을 통한 디자인 중심의 사회에 환류하는 시각이 강조되어야 할 것이다.[47]

4) 산업체

산업은 제품의 생산가 판매를 통해 최대의 이윤을 추구한다. 이윤 추구는 높은 기술성과 경쟁력을 갖추어야만 실현이 가능하다.[48] 현대 산업은 기술 그 자체가 디자인으로 표현되면서 기업의 제품기획과 생산과정부터 높은 기술력으로서의 디자인이 활용되고, 이를 통해 기업의 이미지 향상과 이윤의 확보를 가능하게 하였다. 이는 디자인을 이용한 제품에서는 물론이고 디자인 자체, 즉 기술성이 갖는 중요성을 함께 의미한다.

따라서 이윤을 목표로 하는 기업에서는 기업 철학이 디자인의 요소에 반영되어 매개체 역할을 하기도 한다. 기업의 디자인에는 정부와 학계 등 사회적 공익성을 추구하는 제도와의 연결이 요청되는 것이다. 기업에서는 기업 철학이 요청되며, 바람직한 가치관과 윤리관의 형성을 위한 비판적 요소가 매개될 필요가 있다. 이러한 점을 기업 스스로에게 위임하거나 맡길 수는 없다. 즉 기업의 디자인에는 정부와 교육계 등 사회적 공익성을 추구하는 제도와 연결이 요청되는 것이다.

또한 디자인 정책 철학 및 기조는 정책을 형성하고 집행하는 과정에서 일관되게 적용시키는 논리나 이념 혹은 가치판단이라고 할 수 있다. 내적 시장화(인구)측면에서 디자인 정책 전략은 디자인의 수요를 창출하

---

47) 금진우, 「디자인 정책의 형성 체계에 관한 연구」, 3(한국학총서 5), 한국디자인학회, 2002, 102쪽.
48) 최명식, 「한국디자인 행정체계의 개편과 정책방향에 관한 연구」, 국민대학교 학위논문(박사), 3(한국학총서 5), 국회도서관, 2009, 32쪽.

고 경제를 활성화시키는 경제발전의 핵심을 지원하는 성질을 가져야 한다. 그리고 국민생활의 정서적 풍요와 사회이익을 위한 노력을 해야 한다.

또한 외적 시장화측면에서 디자인 정책전략은 경제발전의 핵심을 지원하고 교육 내부적 활동을 지원해야 한다. 이러한 디자인 정책 체계의 성격을 정리하면 다음과 같다.

첫째, 디자인 정책 체계는 창조적 활동을 지원해야 한다. 따라서 결과만을 중시하여 채택되지 않은 아이디어 창출 등 내적 활동을 간과해서는 안 된다.

둘째, 디자인 정책 체계는 국민 생활의 정서적 풍요와 안전을 위한 노력을 해야 한다.

셋째, 디자인 정책 체계는 생활문화 및 문화발전에 기여하는 성격을 가져야 한다.

넷째, 디자인 정책 체계는 디자인의 수요를 창출하고 경제를 활성화시키는 경제발전의 핵심을 지원하는 성격을 가져야 한다. 이렇게 볼 때 디자인 정책 전략은 디자인 전문기관 및 디자인산업의 지원에 따른 보호적 측면과 함께 규제적 성격을 가지고 있음을 알 수 있다.

# 제2장 국가별 디자인 정책 사례

　디자인 진흥정책은 정부 주도와 민간 주도의 두 가지 형태로 추진되어 왔다. 영국은 정부 주도형 디자인 진흥정책 국가라 할 수 있다. 정부 예산으로 디자인 진흥기관을 설립·운영하며 갖가지 지원 정책을 펼쳐 나가고 있다. 반면에 미국은 민간 주도형 디자인 진흥정책을 펼치고 있는 대표적인 국가이다. 한국 등 여러 나라의 디자인 정책이 국가 전체에 적용된다. 비즈니스와 산업의 역할이 중요하기는 하지만 그들은 정부의 지원을 받는다. 이탈리아와 호주 같은 나라에서 디자인 진흥은 지역적인 성향이 크고 특정 지역과 그 지역의 욕구에 따라 정책이 만들어진다.

　앞에 언급한 대로 각국의 디자인 정책은 본질이 유사하다. 하지만 글로벌 경쟁 속에서 나라와 지역을 특성화시켜야 한다. 국가의 장점과 경쟁 능력에 초점을 두어야 한다. 게다가 새로운 지식과 연구가 중요해졌다. 디자인과 디자인의 용도를 지속적으로 개발하여 디자인을 경쟁적인 요인으로 유지해야 한다. 산업적으로 앞선 영국 등 선진국과 아시아 지역의 주요 디자인 정책 현황과 '정책과 진흥'으로 조성된 '디자인 환경'이 국가의 전반적인 경제적 발전에 미치는 영향을 살펴본다.

## 제1절 사례 선정기준

### 1. 세계 디자인 진흥기관 현황

세계 디자인 진흥의 역사는 18세기 경 섬유제품의 고급화를 위해 디자이너를 양성하고 문양집(pattem book)을 출간한 프랑스의 리옹에서 시작되었다. 영국은 1830년대부터 프랑스와의 섬유전쟁에서 이기려고 디자인 교육과 디자인박물관을 건립을 추진했다. 1907년 설립된 독일공작연맹(DWB)은 정부와 민간부문이 협력했던 전형적인 사례이다. 최초의 현대적 디자인 진흥기관은 1944년에 설립된 영국의 산업디자인 카운슬(CoID)이다. CoID는 1970년 디자인 카운슬로 명칭이 변경되었다.[1]

현재 세계산업디자인단체협의회(ICSID[2])에 가입된 디자인 진흥기관은 40여 개에 이르고 있는데, 주로 산업이 발달된 유럽(22)과 아시아(11), 북미(4), 남미(5), 아프리카(1), 오세아니아(1)지역에 산재해 있다. 남아메리카와 아프리카 지역에서도 디자인 진흥기관이 늘어나고 있는 추세이다.[3] OECD 가입국의 디자인 진흥기관의 현황은 다음 <표 2-1>과 같다.

---

1) 정경원, 『사례로 본 디자인과 브랜드 그리고 경쟁력』, (주)고려피앤택, 2009, 247쪽.
2) Design Census, 코리아디자인센터, 2002, 참고.
3) 정경원, 「국가 디자인 진흥 전략의 발전 과정에 관한 고찰」 3(한국학총서 5), 한국디자인학회, 2004, 247쪽.

[표 2-1] OECD[4] 가입국의 디자인 진흥기관 현황(02년 기준)[5]

| 국 가 | ICSID 가입 단체 | | | |
|---|---|---|---|---|
| | 전 체 | 기 관 | | 협 회 |
| | | 진흥기관 | 교육기관 | |
| 호 주 | 3 | 1 | 1 | 1 |
| 오스트리아 | 1 | 0 | 0 | 1 |
| 벨기에 | 1 | 1 | 0 | 0 |
| 캐나다 | 3 | 2 | 0 | 1 |
| 체코 공화국 | 1 | 1 | 0 | 0 |
| 덴마크 | 2 | 1 | 0 | 1 |
| 핀란드 | 3 | 1 | 1 | 1 |
| 프랑스 | 4 | 1 | 2 | 1 |
| 독 일 | 9 | 4 | 1 | 4 |
| 헝가리 | 3 | 1 | 1 | 1 |
| 아이슬란드 | 1 | 0 | 0 | 1 |
| 아일랜드 | 1 | 0 | 0 | 1 |
| 이탈리아 | 6 | 0 | 1 | 6 |
| 일 본 | 6 | 2 | 0 | 3 |
| 한 국 | 2 | 1 | 0 | 1 |
| 멕시코 | 6 | 1 | 3 | 1 |
| 네덜란드 | 3 | 1 | 1 | 1 |
| 노르웨이 | 6 | 2 | 3 | 1 |
| 뉴질랜드 | 1 | 0 | 0 | 1 |
| 폴란드 | 1 | 0 | 0 | 1 |
| 포르투갈 | 1 | 0 | 0 | 1 |
| 스웨덴 | 3 | 2 | 0 | 1 |
| 스위스 | 1 | 0 | 0 | 1 |
| 스페인 | 6 | 1 | 0 | 5 |
| 터 키 | 3 | 0 | 3 | 0 |
| 영 국 | 1 | 1 | 0 | 0 |
| 미 국 | 3 | 0 | 2 | 1 |
| 중 국 | 1 | 1 | 0 | 0 |

---

4) 1962년 3월 발족한 OECD(Organization for Economic Cooperation and Development : 경제 협력개발기구)의 민간자문기관.
5) 김종균, 「선직국 디자인 진흥체제의 유형분석과 한국의 발전방향 연구」, 『디자인학연구』, 2009.

디자인 분야에서 세계적인 경쟁력을 가진 미국과 영국은 디자인 진흥 기관이 소수이나, 일본과 독일은 평균치보다 훨씬 많은 디자인 진흥기관이 있는 것으로 조사되었다. 독일은 1907년 ICSID에 등록된 진흥기관이 6개소 로 늘었다. 일본은 1969년에 디자인 진흥기관을 설립했으며, 1973년에 이 어 1989년에 ICSID 총회를 개최하였다. 교육과 관련된 디자인 진흥기관 은 없지만 5개소의 진흥기관이 등록되어 있다.

한국도 2000년 ICOGRADA 밀레니엄 특별총회, 2001년 ICSID 총회 를 유치하고 있다. 반면 영국은 단 1개소만 등록되어 있고, 미국은 진흥 기관으로 등록된 단체가 없는 것으로 나타났다. 중국의 산업디자인협회 (CIDA)는 ICSID의 전문단체 회원이다. 이처럼 중국의 디자인 진흥기관 은 평균보다 부족한 실정이다.


## 2. 조사 목적

국가적 차원에서 디자인 진흥정책을 성공적으로 시행하고 있는 해외 의 디자인 정책기관 중 대표적인 운영 사례를 살펴보고 산업의 특성과 문화에 기반을 둔 디자인 정책기관의 사업유형별 정보를 구축함으로써 중국 디자인 정책방향의 운영 활성화를 위한 디자인 정책의 요소방안을 모색해 보았다.

조사 대상국가로 유럽의 영국, 핀란드와 아시아의 일본과 한국 등 4개 국으로 디자인 정책과 디자인 진흥기관 운영사례들에 대한 조사가 이루 어졌다.

〈표 2-2〉 조사대상 및 내용

| 조사 대상 | 구분 | 조사내용 | 방법 |
|---|---|---|---|
| 영 국<br>핀란드<br>한 국<br>일 본 | 해외<br>조사 내용 | ·디자인 정책 실행방안<br>·디자인 정책 목표 및 진흥프로그램<br>·디자인 정책 전략 구조<br>·디자인 진흥 기관<br>·디자이진흥기관 (NDCs, RDC, NGO) | 문헌 조사<br>사례 조사 |
| | 결과 분석 및<br>방향 제시 | ·국가별 디자인 정책<br>·국가별 디자인 진흥구조<br>·국가별 진흥기관 | 결과 분석 |

## 3. 선정 타당성

사례연구의 선정기준은 유럽, 아시아 국가의 디자인 정책을 비교함으로서 중국의 디자인 정책 개발에 시사점을 줄 수 있는 국가를 대상으로 하였다. 사례선정에는 글로벌경쟁력보고서 "2009-2010 The Global Competitiveness Report"와 2009-2010년 세계경쟁력보고서"를 <표 2-3>, <표 2-4>에 바탕으로 다음 두 가지 기준6)을 활용하였다.

---

6) 1. 경제개발 단계 중 혁신기반 경제에 속하는 경제발전이 선진화된 국가<표 2-3>.
  2. 기준 1.에 부합되는 국가 중 디자인 진흥, 디자인지원, 정부정책, 디자인 진흥기관이 확립된 국가<표 2-4>.

〈표 2-3〉 세계 경제 발전의 단계 조사[7]

| 경재 발전의 단계 (World Ecornomic Forum 2009-0210) | | | | |
|---|---|---|---|---|
| Stage 1 (GDP p.c.< US$2,000 | Transition from 1 to 2 (GDP p.c. US$2,000- US$3,000 | Stage 2 (GDP p.c. US$3,000- US$9,000 | Transition from 1 to 2 (GDP p.c. US$9,000- US$17,000 | Stage 3 (GDP p.c.> US$17,000 |
| Bangladesh | Algeria | Albania | Bahrain | Australia |
| Benin | Azerbaijan | Argentina | Barbados | Austria |
| Bolivia | Botswana | Armenia | Chile | Belgium |
| Burkina Faso | Brunei | Bosnia and | Croatia | Canada |
| Burundi | -Darussalam | -Herzegovina | Hungary | Cyprus |
| Cambodia | Egypt | Brazil | Latvia | Czech Republic |
| Cameroon | Georgia | Bulgaria | Lithuania | Denmark |
| Chad | Guatemala | China | Mexico | Estonia |
| Cote d'Ivoire | Indonesia | Colombia | Oman | Finland |
| Ethiopia | Jamaica | Costa Rica | Poland | France |
| Gambia, The | Kazakhstan | Dominican Republic | Romania | Germany |
| Ghana | Kuwait | Ecuador | Russian Federation | Greece |
| Guyana | Libya | El Salvador | Turkey | Hong KongSAR |
| Honduras | Morocco | Jordan | Uruguay | Iceland |
| India | Paraguay | Macedonia, FYR | | Ireland |
| Kenya | Qatar | Malaysia | | Israel |
| KyrgyzRepublic | Saudi Arabia | Mauritius | | Italy |
| Lesotho | Syria | Montenegro | | Japan |
| Madagascar | Venezuela | Namibia | | Korea,Rep. |
| Malawi | | Panama | | Luxembourg |
| Mali | | Peru | | Malta |
| Mauritania | | Serbia | | Netherlands |
| Mongolia | | South Africa | | New Zealand |
| Mozambique | | Suriname | | Norway |
| Nepal | | Thailand | | Portugal |
| Nicaragua | | Tunisia | | Puerto Rico |
| Nigeria | | Ukraine | | Singapore |

7) The Global Competitiveness Report 2009-2010, Klaus Schwab, World Economic Forum, 2010, p.12.

| Senegal | | | | lovak Republic |
|---|---|---|---|---|
| Sri Lanka | | | | Slovenia |
| Tajikistan | | | | Spain |
| Tanzania | | | | Sweden |
| Timor-Leste | | | | Switzerland |
| Uganda | | | | Taiwan, China |
| Vietnam | | | | Trinidad and Tobago |
| Zambia | | | | Unite Arab Emirates |
| Zimbabwe | | | | United Kingdom |
| | | | | United States |

| 요소 기반 경제 | ➡ | 효율 기반 경제 | ➡ | 혁신 기반 경제 |
|---|---|---|---|---|

〈표 2-4〉 각 국가별 디자인 정책 및 종류8)

| 번 호 | 국 가 | 디자인 진흥 | 디자인 지원 | 디자인 정책 | 디자인센터 |
|---|---|---|---|---|---|
| 1 | Switzerland | √ | | | √ |
| 2 | United States | √ | | | √ |
| 3 | Singapore | √ | √ | √ | √ |
| 4 | Sweden | √ | √ | | √ |
| 5 | Denmark | | √ | √ | √ |
| 6 | Finland | √ | √ | √ | √ |
| 7 | Germany | √ | √ | | √ |
| 8 | Japan | √ | √ | √ | √ |
| 9 | Canada | √ | | | √ |
| 10 | Netherlands | √ | √ | √ | √ |
| 11 | Hong Kong SAR | | | | √ |
| 12 | Taiwan, China | √ | √ | | √ |

8) The Global Competitiveness Report 2009-2010, Klaus Schwab, World Economic Forum p.13
및 Gisele Raulik-Murphy Marseille, 26-27 June 2008 An International Perspective Report,
2010.

| 번 호 | 국 가 | 디자인 진흥 | 디자인 지원 | 디자인 정책 | 디자인센터 |
|---|---|---|---|---|---|
| 13 | United Kingdom | √ | √ | | √ |
| 14 | Norway | √ | √ | | √ |
| 15 | Australia | | | | √ |
| 16 | France | √ | √ | | √ |
| 17 | Austria | | | | √ |
| 18 | Belgium | √ | √ | | √ |
| 19 | Korea, Rep. | √ | √ | √ | √ |
| 20 | New Zealand | √ | √ | √ | √ |
| 21 | Luxembourg | √ | | | √ |
| 22 | Qatar | | | | √ |
| 23 | United Arab Emirates | | | | √ |
| 24 | Malaysia | √ | √ | | √ |
| 25 | Ireland | √ | √ | | √ |
| 26 | Iceland | √ | | | √ |
| 27 | Israel | | | | √ |
| 28 | Saudi Arabia | √ | √ | | √ |
| 29 | China | √ | √ | | √ |

위의 2가지 기준을 활용하여 사례연구 대상 국가들을 선정하면 다음
<표 2-5>와 같다.

<표 2-5> 국가별 선정 대상

| 아시아 | 유럽 |
|---|---|
| 싱가폴<br>일 본<br>한 국 | 핀 란 드<br>네덜란드<br>뉴질랜드 |
| | 영 국 |

위의 7개 국가 중 아시아 지역에서는 중국과 지리적 유사성이 가까운

일본과 한국을 선정하였다. 유럽지역에서는 상대적으로 디자인 정책이 더 발달한 핀란드와 뉴질랜드를 대상으로 하였다.

특히 영국의 디자인 진흥 방식은 세계 각 국가의 모델로 세계 최초의 디자인 진흥기관 설립과 국가 창조산업을 정책체계로 확립하고 건실한 디자인 교육 시스템을 갖춘 파워 브랜드를 다수 보유한 특징이 있다.

해외 국가의 디자인 진흥정책은 대부분 <표 2-5>에서 보는 산업체의 디자인개발을 하여 자금지원제도를 설치, 운영하고 있다. 영국, 싱가포르, 한국 등 여러 나라에서는 디자인 진흥과 육성을 위하여 국가의 최고책임자를 중심으로 전 국민적인 지혜를 총동원하고 있음을 확인할 수 있다.

해외 디자인 선진국들이 교육, 홍보, 전시사업과 같은 지원방식을 통해 디자인기반 확충이나 범국민적으로 디자인 마인드를 강화하는 등 저변 확대를 이루고, 기업에 대한 진단, 지도, 제품개발 시의 자금지원과 같은 직접 지원방식은 대부분 중소기업의 디자인 개발지원을 중점적으로 추진하고 있다.

각 국가 특성에 맞는 디자인 정책기관을 효과적으로 운영하고 있는 유럽의 대표적인 사례와 아시아 국가 중 가장 오랜 역사를 가진 디자인 진흥기관을 운영하고 있는 영국, 핀란드, 일본, 한국의 디자인 진흥 사례의 타당성은 다음 <표 2-6>과 같다.

<표 2-6> 선정국가 타당성

| 선정 국가 | | 타당성 |
|---|---|---|
| 차별성 | 영 국 | • 세계가 배우는 디자인 진흥 모델<br>• 세계 최초의 디자인 진흥기관 설립<br>• 영국은 국가 창조산업을 정책체계<br>• 견실한 디자인 교육 시스템<br>• 파워 브랜드 다수 보유 |

| 선정 국가 | | 타당성 |
|---|---|---|
| 차별성 | 핀란드 | • 핀란드 디자인은 세계적으로 유명<br>• 핀란드는 "Design 2005"<br>• 디자인 교육 연구 수준이 높음 |
| | 일 본 | • 일본의 디자인 수준이 높아짐에 따라 민간 부문의 비중이 높음<br>• 디자인 진흥의 다원화<br>• 파워 브랜드 다수 보유<br>• 세계 최고 수준의 제조업 경쟁력<br>  디자인 교육의 특성화/ 디자인학의 정립<br>• 아시아 최초의 디자인 선진국 |
| | 한 국 | • 전통적으로 한국사회는 중앙집권적인 정책결정구조<br>• 지방정부주도의 지역디자인 정책.<br>• 세계적인 디자인 인프라 구축<br>• 동아시아 지역에 디자인산업 허브<br>• 디자인 진흥에서도 '한강의 기적' |
| 공통성 | | • 영국, 핀란드, 일본, 한국, 중국 모두는 디자인 정책을 확립하여<br>  국가차원 디자인 정책 목표 수립 및 실행 |

영국은 디자인 진흥의 종주국으로서 가장 오랜 역사를 갖고 있을 뿐만 아니라 시대 상황의 변화에 부응할 수 있도록 디자인 진흥의 방향을 새롭게 설정하고 있다. 실제로 영국은 디자인 카운슬을 과감하게 개혁했으며, '창의적인 영국'이라는 이름하에 밀레니엄 제품 선정제도 등과 같이 독창적인 디자인 진흥 활동을 전개하고 있다.

핀란드의 디자인 전략은 혁신에 초점을 두며 교육과 연구정책에 뿌리를 두므로 일차적인 과제는 공공분야와 민간 분야 주주를 설득하여 디자인을 혁신 도구 안에 포함시키는 것이었다. 이런 인식 덕분에 TEKES(핀란드 기술혁신 펀드 에이전시)를 설득하여 디자인 지원 활동에 자금 배당을 할 수 있었다.

일본은 디자인 수준이 높아짐에 따라 민간 부문의 비중을 높이는 등 디자인 진흥을 다원화하고 있다. 특히 오랫동안 통상성과 JIDPO를 중심으로 추진되어온 디자인 진흥정책이 최근에는 각 지방자치단체 위주로 변화하고 있는 특성을 보이고 있다.

한국은 정부의 강력한 디자인 지원 정책, 디자인 진흥기관의 활동, 민간부문의 협력 등이 어우러져서 반세기가 채 못 되는 짧은 기간 동안 디자인 진흥 선진국의 기반을 갖추었다.

국가 디자인 경쟁력 강화를 위하여 국가의 체계적인 디자인 활용방안을 고려하는 영국과 한국은 사람 중심의 디자인을 하고 있다. 그리고 지역적 특성과 제도상의 다양성으로 인해 지역별 디자인센터가 발달한 독일의 지역발전을 위한 디자인 지원프로그램 운용을 조사하고, 일본은 자국의 독특한 디자인을 개발하여 국가 브랜드의 국제화를 디자인 정책 재고를 하고 있다.

이러한 각 국가별 디자인 진흥 사례를 통해 디자인과 디자인 진흥정책의 기준 향상을 위한 국가에 따라 서로 다른 디자인 지원정책의 심층적인 조사가 필요하였다.

## 제2절 국가별 디자인 정책과 진흥기관

### 1. 영국

#### 1) 영국의 디자인 정책

영국은 디자인교육과 진흥에 있어서 정부의 지원이 오래전부터 지속되었던 대표적인 국가이다. 그리고 정치지도자들의 강력한 디자인 리더십을 기반으로 정부주도형 디자인 진흥정책을 추진하여 성공함으로써 한국,

일본, 대만 등 아시아 국가들의 디자인 진흥정책 모델이 되었다. 영국의 디자인 진흥은 무역산업부(Department of Trade and Industry : DTI)와 디자인 카운슬을 중심으로 이루어진다. 영국의 디자인 정책은 과거 주로 통상산업부(Department of Trade & Industry : DTI)의 디자인 정책국(Design Policy Unit)에서 국가적 차원의 다자인 진흥 정책수립을 전담하고, 디자인 카운슬은 국가 이미지의 혁신, 중소기업에 대한 디자인 지원 등과 같은 사업을 수행한다. 이와 같은 영국의 디자인 진흥 방식은 여러 나라의 모델이 되고 있다.9)

디자인 카운슬은 1944년 제2차 세계대전 이후 영국 산업의 재건을 돕기 위한 목적으로 산업디자인 카운슬(Council of Industrial Design)이라는 이름으로 설립되었다.10) 영국은 디자인 카운슬을 과감하게 개혁했으며, '창의적인 영국'이라는 이름하에 밀레니엄, 제품선정제도 등과 같이 독창적인 디자인 진흥 활동을 전개하고 있다. 영국의 디자인 정책은 디자인 카운슬에서 총괄 디자인 정책 수립, 디자인 혁신, 비즈니스를 위한 디자인, 디자인 지식정보 등 5가지 활동영역으로 구성되어 있다. 현재 공공 디자인 사업에서 핵심은 Dott(Design of the time)이다.

1990년대 이후 추진된 주요 사업들을 살펴보면 국가 이미지 강화사업 추진의 직접적 계기는 1997년 가을 블레어 수상의 집권이었다. 2000년부터는 혁신을 통한 경제부흥을 목적으로 창조성에 대한 다양한 디자인 정책 중 콕스리뷰(Cox Review)와 기업 지원에 관한 주요 정책인 'Designing Demand' 및 국가 디자인 전략인 'The Good Design Plan' 등 디자인 및 사업성과 등의 보고서에서 기술된 제언을 기본으로 정책 수립 및 사업을 추진하고 있다.

---

9) 정경원, 『사례로 본 디자인과 브랜드 그리고 경쟁력』, 웅진북스, 2003, 385쪽.
10) 이일규·김태완, 『디자인 정책, 21세기 국가 선진 전략』, 세계디자인경영연구원, 2009, 82쪽.

## 〈그림 2-1〉 영국 주요 디자인 정책

**THE UK DESIGN POLICIES**

**FIRST: 1915**

Focus

- 1915 통상산업부
  (Department of Trade and
  Industry:DTI )
- 1915 디자인산업협회
  (Design and Industries
  Association: DIA)

DIA최초로 디자인 진흥기관

DTI 영국국가 차원의 디자인
정책 수립

**SECOND: 1944**

Focus

Design Council
- Cox Review의 실행지원
- Dott 프로그램의 실행 감동

-Design Council
  Design policy
  Design innovation
  Design to business
  Design for the public
  Design knowledge

영국 현재 공공디자인 사업에서
핵심은 Dott(design of the time)

**THIRD: 1990 이후**

Focus

영국 국가 이미지 강화사업
추진

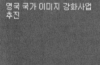

멋진 영국(Cool Britannia)

- 창조적 영국(Creative Britain)
- 파워하우스
  영국(Powerhouse UK)

**FOURTH: 최근**

Focus

- 국가 디자인 전략 강화

2008-2010년
굿 디자인 플랜
The Good Design Plan

The
Good
Design
Plan

- 2005 콕스 리뷰(Cox Review)
- 디자이닝 디맨드
  (Design Demand)

## 2) 영국의 디자인 진흥기관

### (1) 국가디자인 진흥기관(NDCs)

가. 디자인 카운슬(Design Council)

세계 여러 나라에서 영국의 디자인 카운슬을 모델로 운영되는 디자인 진흥기관들을 쉽게 찾아볼 수 있다.[11] 디자인 카운슬은 1944년에 설립되었으며, 대처 수상은 디자인 진흥회의 주재로 세계 최초의 디자인박물관을 건립하였다. 1972년 엔지니어링 디자인 진흥을 병행하기 위해 현재의 디자인 카운슬로 개칭하였다. 영국은 "창조적인 영국 만들기" 사업을 추진, 밀레니엄제품 선정, 비즈니스 링크 창설 등을 통해 디자인산업의 진흥에 노력하고 있다.

디자인 카운슬(Design Council)은 기업, 정부기관, 교육기관 등을 대상으로 디자인의 역할을 바로 인식시키고 디자인이 이들을 어떻게 바꿀 수 있을지에 초점을 두어 산업디자인 지도서비스, 디자이너 선정서비스, 디자인 지도계획, 재료정보 서비스, 혁신 서비스 등 업무분야 활동을 하는 영국정부의 디자인 진흥기관이다. 영국의 디자인 카운슬은 핵심 비즈니스 분야 및 공공사업의 발전을 위한 디자인 캠페인, R&D, 디자인 솔루션 제공, 그리고 디자인 비엔날레 개최 등을 지원하고 있다. 경제발전의 근본적인 요인을 "디자인 역할의 중요성"으로 인식하여 디자인의 관점에서 문제점들을 이해·분석하고 그에 필요한 솔루션을 제시한다.[12]

---

11) 일본디자인 진흥회(Japan Industrial Design promotion Organization : JIDPO), 한국디자인 진흥원(Korea Institute of Design Promotion : KIDP), 말레이시아 디자인 카운슬(Malaysia Design Council) 등.

12) 정보금, 『21세기 문화산업을 위한 공공디자인 정책 연구』, 한국학술정보(주), 2007, 55쪽.

영국의 디자인 카운슬에 대한 5가지 영역의 다양한 활동수행인 디자인 정책, 디자인 혁신, 비즈니스를 위한 디자인, 공공을 위한 디자인, 디자인 지식 등으로 나누어진다. 디자인 카운슬의 주요 사업영역과 활동을 정리하면 다음 <그림 2-2>와 같다.

<그림 2-2> 영국 Design Council의 주요 실행방법[13]

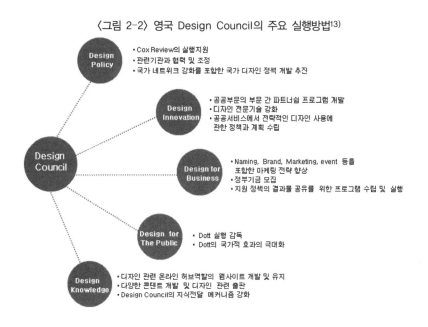

첫째, 디자인 정책(Design Policy)은 정부의 의사결정에 디자인이 핵심이 될 수 있도록 국가 정책에 영향력을 행사하고 기업 경쟁력과 공익관련 디자인의 경쟁에 의사결정의 핵심을 디자인을 고려하도록 하는 데 주력해 왔다.[14]

---

13) 「국가 디자인 정책 포트폴리오 개발」, (주)인터젠컨설팅, 2006, 61쪽.
14) 최명식, 「한국디자인 행정체계의 개편과 정책방향에 관한 연구」, 국민대학교 학위논문 (박사), 3(한국학총서 5), 국회도서관, 2009, 74-75쪽.

둘째, 디자인 혁신(Design Innovation)으로 공공 서비스에서 디자인의 잠재적 역할이 현실적인 구현을 통해 가시적인 결과를 성취했으며, 앞으로 디자인 사고를 기반으로 정부의 기관들과 서비스를 개발 및 실현 방법에 대한 협력에 중점을 두고 있다.

셋째, 사업을 위한 디자인(Design for Business)으로 디자인을 영국 산업자원의 통합적인 부분으로 활용하기 위하여 중소기업들이 디자인을 통해 혁신을 가능하게 하고 기업성장을 발판으로 활용할 수 있도록 디자인 수요 프로그램을 개발해 왔다.[15]

넷째, 공공을 위한 디자인(Design Public)으로 지금까지 북동지방개발청, 국내외 파트너들과 협력하여 지역발전 진흥사업인 "Dott(Design of time)[16]"을 국가적으로 실행 감독하고. 다섯째, 디자인 지식(Design Knowledge)을 통해 디자인산업에 대한 조사와 기업에서 디자인 가치가 온라인을 통해 연구 발표되고 있다.[17]

임효선 등의 연구에 의하면 본 프로젝트에서 특히 디자인 혁신과 비즈니스를 위한 디자인 관련 정책이 매우 중요하며, 새로운 제도의 확립과 사업 신설, 운영 및 협력을 통해 디자인 진흥정책의 역할과 채널을 확대할 필요가 있다고 주장한다.[18]

---

15) 최명식, 「한국디자인 행정체계의 개편과 정책방향에 관한 연구」, 국민대학교 학위논문(박사), 3(한국학총서 5),국회도서관, 2009, 74-75쪽.
16) "Dott07" 영국 공공을 위한 국내외 파트너들과 협력 하에 지역발전 진흥사업인 "토드(Design of the time)07" 영국의 디자인 정책 프로그램을 진행하고 있다. 앞으로 "도트 07"을 국가적 주목을 받도록 하여 "도트 09"의 성공적인 교두보 마련에 힘쓰고 있다.
17) (주)인터젠컨설팅, 전게서, 2006, 61-63쪽.
18) 임효선·조재경·이진렬, 「지역디자인산업 발전을 위한 지역디자인센터 운영방안에 관한 연구」, 『조선대학교 조형미술연구소지』, 2008, 27쪽.

## (2) 영국의 지역디자인센터(RDC) : 디자인 웨일즈(Design Wales)

1994년 소렐 리포트로 인해 디자인 카운슬의 웨일즈 지부가 폐쇄됨에 따라 웨일즈 지방의 디자인 진흥활동을 위해 웨일즈 주 정부에서 설립하였다. 디자인과 연계된 디자인지원 사업을 중심으로 웨일즈 지방의 디자인 진흥을 담당하고 있다.[19] 기업지원 사업에는 웨일즈 지방의 기업들에게 4단계 디자인 지원 서비스 실시와 교육지원 사업을 교육용 케이스 스터디 사례 개발 및 웨일즈 지방의 학생들을 위한 공모전 개최가 있다.

영국의 디자인 진흥기관을 담당 지역별로 분류하면 영국 전역을 담당하는 디자인 카운슬과 웨일즈 지방을 담당하는 디자인 웨일즈로 구성되며, 디자인 카운슬은 정책개발 및 연구 중심의 역할을 수행하고 정책실행은 지방개발청 등과 같은 타 기관과의 협력체계에 의존하고 있다.

## 3) 영국 디자인 교육

영국은 조기교육을 위하여 초등학교에서부터 디자인 과목을 교육과정에 삽입하였다. 그리고 대학에서 과거의 스페셜리스트적 교육을 지양하고 엔지니어링과 마케팅이 보강된 종합적인 측면의 교육을 강화하였다.

로양어소시에트연합회(RSA)는 1985년 이후 <젊은 디자이너들의 기업체 진출>이라는 산학 프로그램을 운영하여, 장학금이 수여된 연간 30명의 선발된 학생이 기업체에서 12개월 동안 제품, 가구, 기계장비, 조명, 택스타일 등의 분야에서 기업현장 실습을 할 수 있도록 하였다.[20]

---

19) 이일규·김태완,『디자인 정책, 21세기 국가 선진 전략』, 세계디자인경영연구원, 2009, 84-85쪽.
20) 조동서·이동현,『디자인 디자인산업 디자인 정책』, 디자인하우스, 1996, 188쪽.

디자인 교육 관련 진흥을 위한 사업으로 영국이 시행하고 있는 프로그램은 학생들의 학습 집중력 향상과 의욕을 증진시키기 위해 '교육부'의 지원을 받아 시행하고 있는 '학습 환경개선', 정부 스킬부문 카운슬 중 하나인 '창의적이고 문화적인 스킬'과 공동으로 디자이너와 비즈니스 관련 사람들이 서로의 문제와 스킬에 대한 인식재고를 위한 '스킬향상 지원'으로 나뉘어 운영되고 있다. 또한 대학과 기업 간의 기술 및 정보 교환 등의 공동연구를 위한 산학 협동 프로그램 운용으로 혁신적인 제품과 서비스 창출을 유도하고 있다.

## 4) 영국의 디자인 정책 전략 구조

영국디자인은 목표와 실행 면에서 디자인 지원 정책을 검토할 때 중요한 사례이다. 진흥에 초점을 둔 일차 시기가 지난 후 영국 공공정부는 다음이 포함된 전략을 선택하였다.

1) 비즈니스 양상(벤처 자본, 상품, 관행, 효율성과 수요)
2) 교육, 연구와 전문적인 연수
3) 문화적 양상(디자인 사고 진흥과 창조성)
4) 공공서비스(정부조달, 의료, 보안)

영국은 정부 주도형 디자인 진흥 종주국으로서 디자인산업 정책을 제2의 산업 혁명으로 설정하고 정부의 지원뿐 아니라 국가이미지의 혁신, 중소기업에 대한 디자인 지원, 디자인교육의 질 함양 등과 같은 사업을 수행한다. 또한 디자이너들의 단체인 왕립디자인협의회(Chartered Society of Designers) 진흥도 매우 활발히 전개되어 지속적인 디자인에 대한 관심이 유지되고 있다.[21]

영국 비즈니스를 위한 디자인으로 영국 산업자원의 통합적인 부분으로 디자인을 활용하기 위하여 중소기업들이 디자인을 통해 혁신을 가능하게 하고 기업성장의 기반으로 활용할 수 있도록 디자인 수요 프로그램을 개발해 왔다. 지금까지 공공을 위한 디자인으로 북동지방개발청과 국내외 파트너들과 협력 하에 지역발전 진흥사업 등 프로그램을 진행하고 있다.[22]

영국은 새로운 공공서비스지원(RED)[23] 및 시스템, 사업으로 비즈니스 진흥사업, 지역발전 교육진흥사업, 디자인 역량강화사업을 추진하고 있다. 영국의 디자인 정책 전략 구조는 다음 <그림 2-3>과 같다.

〈그림 2-3〉 영국의 디자인 정책 전략 구조

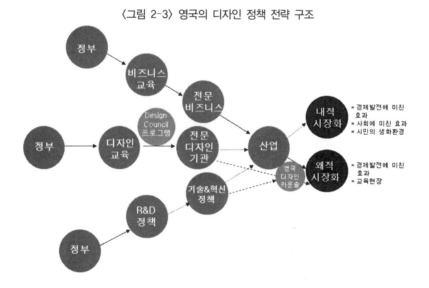

---

21) 박재연, 「국내 디자인 진흥을 위한 통합디자인 정책에 관한 연구」, 3(한국학총서 5), 한국디자인문화학회, 2008, 20쪽.
22) 최명식, 「한국디자인 행정체계의 개편과 정책방향에 관한 연구」, 국민대학교 학위논문(박사), 3(한국학총서 5), 국회도서관, 2009, 74쪽.
23) RED PROJECT는 디자이너와 경제학에서 인류에 이르는 다양한 분야의 전문가를 팀으로 구성하여 건강, 에너지, 시민권 등의 정책 문제에 대한 새로운 사고를 제시하는 목적으로 하여 지역 디자인 카운슬과 협조 체제를 유지하고 있다.

또한 영국의 디자인 지원정책은 공사 주주들의 역할 분배와 실행의 교훈적인 사례이다. 영국은 정부 구조조정에 직면하였고 디자인 지원정책을 공공기관과 연계하는 일이 커다란 과제였다. 현재 디자인위원회는 혁신, 대학, 기술부(DIUS)와 문화매체 스포츠부(DCMS)와 연계된다. 영국에서는 지방분권화 차원에서 지역 에이전시가 정책실행 책임을 맡으며 담당 비즈니스, 영국의 기업규제개혁부(Department for Business, Enterprise and Regulatory Reform, BERR)가 감독업무를 수행한다.

## 2. 핀란드

### 1) 핀란드의 디자인 정책

핀란드는 지속적으로 디자인 정책을 국가적 차원에서 개발해 왔다. 디자인 정책은 핀란드의 산업, 디자인 분야 및 디자이너의 대표들과의 자문을 통하여 이루어졌다. 각 분야의 대표들은 정부와 협상을 하고 승인을 받으며, 정부는 실행 자금을 분배하였다. 피란드의 정책은 완벽한 균형을 이루며 다른 나라가 디자인 정책을 기획하고 실행하는 방법과 비교하여 볼 때 관련 주주 모두가 참여하는 아주 독특한 과정이다.

1875년 설립된 '핀란드 공예 · 디자인협회(The Finnish Society of Crafts and Design)'가 그 원형으로 핀란드 디자인과 디자이너를 알리는 주 업무는 핀란드 디자인 진흥기관 주관이다. 핀란드 국내에서는 디자이너와 디자인 회사들을 연계하고, 해외로는 핀란드 디자인 능력을 알려 디자인 상품을 해외에 홍보하는 역할을 한다. 현재 아프리카를 제외한 모든 대륙과 협력하고 있으며, 이를 위해 디자인 상, 전시 기획, 출판물 발행, 공모전 개최, 세미나·포럼 기획 등을 진행하고 있다. 핀란드 디자인의 전방위 지원역할을 하는 디자인 포럼 핀란드(Design Forum Filand)는 재편되었다.24)

디자인 정책은 1990년대 이전에는 주로 핀란드 디자인을 세계에 홍보하기 위한 것이었던 반면, 1990년대 들어 산업 측면으로 전환되었다.25) 2005년 확정된디자인 프로그램인 전국 디자인 정책제안서는 핀란드 무역산업부, 연구개발기금, 교육부, 외교문화부를 대표하는 여러 학문그룹이 2000년에 정책수립에 동의하여 이루어졌다.

핀란드의 기술개발센터인 테케스(Tekes)는 1983년에 설립되었으며 과학기술 정책을 수행하는 중요한 기구이다. 테케스(Tekes)의 국내적, 국제적 연결망은 핀란드 과학기술과 연구에 좋은 채널이 되고 있다.

헬싱키에는 각 분야에서 핀란드를 대표하는 3대 학교인 헬싱키 예술·디자인대학(University of Art and Design Helsinki, Taik), 헬싱키 경영대학(Helsinki School of Economics, HSE)과 헬싱키 공과대학(Helsinki University of Technology, TKK)이 있다.26) 이들은 1990년대 중반부터 일부 수업을 연계하여 공동 프로젝트를 수행하고 있다. IDBM(The International Design Business Management)으로 명명된 이 프로그램은 세 학교의 석사과정 재학생들이 지원해 1년 동안 지정과제를 해결하는 수업이다. 10여 년이 넘는 실험을 통해 이제는 단지 수업만이 아닌 학교 차원의 통합 필요성이 절실해졌다.

핀란드 디자인 정책을 토대로 2000년에 두 번째로 중요한 보고서가 발표되었고 핀란드 디자인 정책의 기반 역할을 하였다. 이 보고서에서는

---

24) http://www.designforum.fi/organization, 핀란드 공예·디자인협회.
25) 이일규·김태완, 『디자인 정책, 21세기 국가 선진 전략』, 세계디자인경영연구원, 2009, 100쪽.
26) http://www.designforum.fi/organization, 핀란드 공예·디자인협회.

2005년 핀란드의 디자인 제도의 모습을 보여주며. 확정된 디자인 정책이 핀란드의 산업 디자인의 품질과 수량에 미치는 영향을 명확하게 설명해 준다.

2005년 디자인포럼핀란드 주최로 탄생한 '디자인 디스트릭트 헬싱키 (Design District Helsinki)'는 헬싱키의 디자인 스팟을 모아 놓은 디자인 클러스터다.27) 헬싱키 시내 중심부에 상점이 밀집한 지역을 중심으로 25개 거리에서 180여 개 업체가 디자인 디스트릭트 헬싱키 협회에 가입돼 있다. 디자인 디스트릭트의 목적은 글로벌 디자인산업의 번영과 동시에 헬싱키를 디자인 도시로서 더 널리 알리는 것이다.

2009년 9월 9일부터 13일까지 열린 '하비타레(Habitare)'28)는 핀란드에서 가장 큰 규모를 자랑하는 가구·인테리어용품 전시회이다. 핀란드에서는 가장 큰 전시회로 여기나 이탈리아 밀라노 가구박람회 규모보다 작으며 국내 서울 리빙디자인페어 수준 규모이다.

또한, 디자인포럼핀란드는 핀란드의 보험회사의 펜아 그룹(Fennia prize-Good design grows global)의 후원 하에 수상하는 '2009년 펜니아 상'의 수상작들을 소개하였다. 3만 5천 유로의 상금이 수여되는 '펜니아 상'은 핀란드 디자인의 질적 향상을 위해 매 2년 수여하는 상으로 디자인의 수준을 제시함으로써 기업들의 디자인 투자 촉진을 목표로 하고 있다.

2010년 핀란드의 국민 디자이너 알바 알토(Hugo Alvar Henrik Aalto)의 이름을 따 알토 대학(Aalto University)이 설립되었다. 2011년 핀란드는 디자인 정책인 "World design capital Helsinki 2012"를 발표하였다. 이러한 성공으로 핀란드 디자인 진흥원인 Design Forum Finland는 2006년부터 2

---

27) http://www.designforum.fi/organization op.cit.
28) http://www.designforum.fi/organization op.cit.

년 마다 편집장 Anne Veinola, 그래픽 디자이너 Piritta Hannonen, Riina Laihomaki 공동으로 Finnish Design Yearbook 2010-11란 최근 디자인 정책 자료집을 출간했다.[29]

이상 핀란드의 디자인 정책을 정리하면 다음 <그림 2-4>와 같다.

⟨그림 2-4⟩ 핀란드 주요 디자인 정책

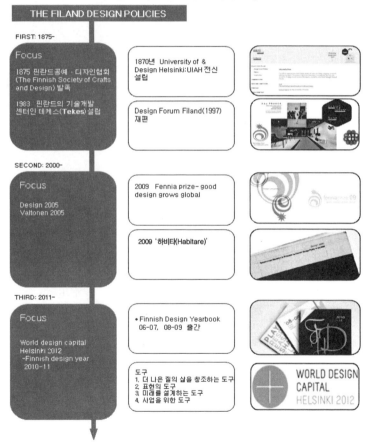

29) http://www.designforum.fi/organization op.cit.

## 2) 핀란드 디자인 진흥기관

### (1) 핀란드 공예·디자인협회(The Finnish Society of Crafts and Design)

핀란드의 디자인 경쟁력 강화를 위해 만들어진 프로모션 기구이다. 그 원형으로 핀란드 디자인과 디자이너를 홍보가 주 업무인 핀란드 디자인 진흥기관이다. 핀란드 국내에서는 디자이너와 디자인 회사들을 연계하고, 해외로는 핀란드 디자인 능력을 알려 디자인 상품을 해외에 홍보하는 역할을 한다. 이 협회는 현재 아프리카를 제외한 모든 대륙과 협력하고 있으며, 이를 위해 디자인 상, 전시 기획, 출판물 발행, 공모전 개최, 세미나·포럼 기획 등을 진행하고 있다.

## 3) 핀란드 디자인 교육

핀란드의 디자인 분야 교육 연구기관은 기업과 협력한다. 즉 연구를 생산에 직접 적용하고 이용한다. 디자인 정책 목표 중 하나는 핀란드의 디자인 연구 분야를 창조적인 디자이너와 기업의 긴밀한 연계로 상품의 시장화를 지원한다. 디자인 교육은 재평가하여 3급 디자이너의 수를 늘리고 디자인 전문가를 위한 고등교육 수준과 비즈니스 경쟁력을 높이며, 기술과 비즈니스 교육에 포함시켜 포괄적인 학교 교육에서 디자인에 대한 의식을 높인다.

## 4) 핀란드의 디자인 정책 전략 구조

핀란드는 산학 협력을 중심으로 한 디자인교육 및 연수 사업의 추진,

디자인분야 지식기반 기술연구 지원, 국가 혁신 시스템에 디자인을 통합
하는 것을 중점 추진사업으로 진행하였다. 세부적으로는 디자인 전문회
사의 활동을 지원하여 국제적 디자인 회사로 육성하는 것과 기업에 대한
디자인 R&D지원, 디자인 교육, 디자인 문화사업 지원, 공공 디자인 강
화, 핀란드 국가 이미지 국제 홍보 등을 주요 전략으로 다루었다.

핀란드의 많은 회사들은 디자인의 중요성과 디자인 연구의 잠재력을
알고 있다. 헬싱키 아트 앤 디자인 대학(University of Art and Design Helsinki)
의 디자인 혁신과 교수인 위리에 소타마는 이것은 포괄적인 디자인 정책
의 효과 중 하나이라고 한다.

〈그림 2-5〉 핀란드의 디자인 정책 전략 구조

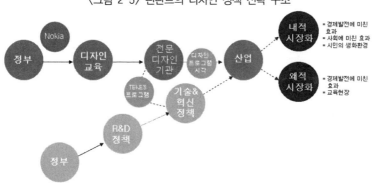

핀란드의 디자인 전략은 혁신에 초점을 두며 교육과 연구정책에 뿌리
를 두므로 일차적인 과제는 공공분야와 민간분야 주주를 설득하여 디자
인을 혁신 도구 안에 포함시키는 것이었다. 이런 재인식 덕분에 TEKES
(핀란드 국립 기술청)은 디자인 지원 활동에 자금을 배당하고 있다.

이와 같이 디자인교육에 의한 인식과정 때문에 기술, 경제, 창조와 디
자인 분야를 체계적인 방법으로 연결해 주는 Aalto University의 창립이

가능하게 되었다. 현재 핀란드 공학도협회(Finnish Association of Graduate Engineers, TEK), 핀란드 비즈니스 스쿨 졸업생협회(Finnish Association of Business School Graduates, SEFE), 핀란드 디자이너협회(ORNAMO) 등은 설립활동과 재정적 후원으로 새로운 대학의 설립을 강력히 지원하고 있다.

## 3. 일본

### 1) 일본의 디자인 정책

아시아 국가들 중에서 가장 먼저 디자인 선진국으로 탈바꿈하고 있는 국가는 일본이다. 세계 디자인산업의 리더로 활동하고 있는 일본은 최근 전 세계적으로 환경규제가 확산되고 있는 추세를 반영하여 친환경 디자인 분야의 선두 주자로 주목받고 있다.

일본의 디자인 정책은 1928년 디자인을 통한 지역경제 활성화를 위해 경제부가 센다이에 "공예훈련소"를 설립한 데서 시작되었다.[30] 일본은 1950년대 초부터 영국의 디자인 진흥제도를 도입하여 성공적으로 토착화하였다. 정부차원에서 입안 시행된 일본의 디자인 정책과 지원체계는 1958년 통산성 통상국 진흥부에 디자인과가 설립되면서 정부 주도의 디자인 진흥이 이루어졌다. 점차 일본의 디자인 수준이 높아짐에 따라 민간 분문의 비중을 높이는 등 디자인 진흥을 다원화 하고 있다. 특히 오래 동안 통상성과 JIDPO를 중심으로 추진되어온 디자인 진흥정책이 최근에 각 지방자치단체 위주로 변화 하고 있는 특성을 보이고 있다.

---

30) Takeshi Hirose, Design Policy of Kansei, 2008(JDF 주최 ADNC2008 발표자료), 발표자는 경제산업성 디자인 인간생활 시스템 정책실장.

1단계는 1957년 일본 경제가 고도화되던 시기로 제품 수출에 있어 디자인의 중요성이 확산되면서 디자인 정책의 체계화가 추진된 시기라 할 수 있다.[31] '굿 디자인 어워드(G-Mark)' 도입, 일본의 국제무역과 산업부에서 제정한 평가 및 추천 제도가 있다. 1950년 수출상품디자인법 제정, 이에 따라 통산성을 중심으로 시작된 일본의 디자인 정책은 "수출품 디자인법"에 의한 "모방방지대책"과 "G마크 제도"를 수립하였다. 이 제도들은 모두 오리지널 디자인 상품의 개발을 고취시켜 수출 무역의 건전한 발전을 도모하기 위한 것이었다.

2단계는 1960년부터 1997년까지로, 일본은 디자인 방식에 관한 정보와 지식의 제공은 최우선의 과제로 여겼던 시기로 기록된다. 1969년 세워진 일본 산업 디자인 진흥원(JIDPO)설립, 1973년 오사타에서 열린 일본 세계엑스포에서는 20세기 산업사회의 전 세계적 조화라는 주제를 내걸었는데, 일본의 원래 주제는 "모든 존재를 위한 디자인"이었다. 이 시기에 일본은 선포 및 ICSID 총회개최 등 각종 국내외 디자인 행사 개최로 디자인에 대한 인식이 증대되어 디자인 급성장하는 계기를 마련하였다. 1980년대에 일본의 디자인 진흥 활동은 다변화가 이루어지면서 중소기업을 대상으로 디자인의 개발이 소비자에 초점을 맞추는 방향으로 전개되기 시작했다.[32] 1981년 일본국제디자인교류협회(JDF)설립으로 디자인 분야의 국제 협력이 확대되었다. 1981년도 설립된 일본 디자인 파운데인션, 나고야 디자인센터 등과 같은 여러 기관들에서는 현재 디자인 페스티벌, 국제디자인 전시회 등을 통해 디자인 진흥정책을 활발히 펴고 있다.

3단계는 1998년 이후로 일본의 다양한 디자인 진흥 정책을 추진하고

---

31) 이일규·김태완, 『디자인 정책, 21세기 국가 선진 전략』, 세계디자인경영연구원, 2009, 103쪽.
32) 정경원, 『사례로 본 디자인과 브랜드 그리고 경쟁력』, 웅진북스, 2003, 413쪽.

있다. 그 실례로 1998년부터 2년에 한 번씩 열리는 '나고야 디자인 두!
(Nagoya Design DO!)'는 전 세계 40세 미만의 젊고 창조적인 디자이너들에
게 기회를 주는 국제 디자인 공모전이다. 경제 산업은 '디자인과 브랜드
의 전략적 활용'을 위해 2003년 2월 '전략적 디자인 활용 연구회'를 설
치하고 자국의 산업 경쟁력 강화를 위해 디자인 창조와 활용에 관한 과
제 및 대응방안을 검토하였다.

또한 2006년 어린의 안전과 건강한 성장 발달을 위한 생활환경 창출에
일조한 디자인을 표창하는 '키즈 디자인 표창제도'를 발표하였다.[33] 경제
산업성은 2007년 전문가의 혼이 담겨 있고 스토리가 있는 'truly fulfilling'
한 상품을 제조하여 새로운 경제적 가치를 창출하기 위해 '감성(Kansei)' 전
략을 발표하였는데, 이는 구매자가 아닌 사용자에게 요구되는 감성 디자인
전략이라 할 수 있다. 최근, 일본은 강한 경제, 강한 재정, 강한 사회보장의
확보를 위해 일본 신성장 전략과 산업주도 비진 핵심 2010을 발표하였다.
일본 디자인 정책의 논의를 정리하면 다음 <그림 2-6>과 같다.

---

33) 이일규 · 김태완, 『디자인 정책, 21세기 국가 선진 전략』, 세계디자인경영연구원, 2009,
104쪽.

## THE JAPAN DESIGN POLICIES

FIRST:1957-1959

**Focus**

정부차원에서 입안·시행
수출품 디자인진흥법

모방방지대책
•1957 Good design Award
(G-Mark)제도

일본 매년
10월1일을 디자인의 날

통산성이 "디자인과"를
"디자인실"로 격상시킴

SECOND:1961-1997

**Focus**

디자인 방식에 관한 정보와
지식
• 1961 디자인진흥원 보고
• 1969 JIDPO 설립
• '1973 디자인의 해' 선포 및
  ICSID 총회 개최
• 1981 JDF 설립
• 1997 저작권법 개정

• 통산성 산하에 JIDPO(국내담당)
  JDF (해외담당)을 운영
• JIDPO의 "Design Year" 제정에
  Good Design
• Award '시상과'Design &
  Business Forum'등 시행

• 일본정부1973-1989년을 "디
  자인의 해"로 선정
• 1981 나고야 디자인 센터 등
  과 같은 여러 기관들8개 전문
  협회 및 전국 지방조직 형성

THIRD:1998-2010

**Focus**

고유 브랜드 구축-
감성가치 창출

•2003 use of design as
  brand
•2007 감성(Kansei) 전략
•2010 Industrial Structure
  vision

• 1998 Nagoya Design DO!
• 1998 original design-
  브랜드확립"(G마크)

2010 신성장 전략과 산업 구조
비전 ( New Growth Strategy
and The Industrial Structure
Vision 2010)

## 2) 일본의 디자인 진흥기관

### (1) 일본의 국가디자인기관(NDCs)

가. 일본 산업디자인 진흥회
(Japan Industrial Design Promotion Organization)

일본은 1990년 이전까지 정부주도의 디자인 진흥이 이루어졌고 막대한 정부지원이 있었으나, 1990년 이후 일본 경제침체로, 1990년 후반 정부의 운영자금 지원이 중단되었다. 또한 정부주도에서 민간기업 주도형의 디자인 진흥체제로 전환하였다. 일본은 통상 산업성 디자인 정책실에서 디자인 관련 진흥정책을 수립하고, 디자인 인재육성, 중소기업 디자인 진흥사업, 디자인 관련 법규 등 주요 사업은 일본 산업디자인 진흥협회(JIDPO)와 일본 국제디자인교류협회(JDF)를 통하여 추진하고 있다.[34]

나. 일본디자인재단(Japan Design Foundation)

1983년 국제 디자인 공모전과 국제 디자인 컨퍼런스를 효과적으로 개최하기 위해 오사카에 설립된 이후 디자인 교류 행사를 지속적으로 수행해오고 있다. 주요 사업으로 1983년 이후 "오사카 국제 디자인 공모전"을 매년 개최하고 있으며, 아시아 디자인 네트워크 구축을 통해 일본 디자인의 해외 진출을 지원하고 있다.[35]

---

34) 「지역디자인센터(RDC)사업 사건기획 조사연구 용역보고서」, 한국디자인 진흥원, 2002, 18-20쪽.
35) 이일규·김태완, 『디자인 정책, 21세기 국가 선진 전략』, 세계디자인경영연구원, 2009, 107쪽.

## (2) 일본의 지역디자인센터(RDC)

일본의 지역디자인 진흥센터의 경우 나고야, 요코하마, 나가오카시 등
이 디자인도시 선언을 하고 있으며 각 지자체별 지역 디자인센터가 설립
되어 지역별 특화산업과 연계한 지역디자인 전략을 추진(전국 32개 자치단
체 58개 디자인 진흥기관 활동)하고 있다.[36]

가. 나고야 국제디자인센터(Interantional Design Center Nagoya Inc)[37]

나고야 국제 디자인센터(IDCN)는 디자인 진흥을 통한 사회 공동체와
산업체, 정부, 디자인 업계 간의 원활한 의사소통을 위한 교량 역할을 위
하여 지역 자치단체와 민간부문이 공동 출자하여 설립되었다. 이 센터는
디자인의 육성, 창조, 교류 및 디자인 시설 확충 등을 목적으로 한다.

나고야에 소재한 대부분의 디자인 전문회사는 중소기업으로 장비사용
에 있어 대기업에 비해 외주 의존도가 높으며, 디자인센터에서 구비하고
있는 시설 및 장비의 활용은 자금력이 없는 개인 디자인 사무실이나 학
생들에 의해 이루어진다.

〈표 2-7〉 나고야 국제디자인센터 현황

| 설립년도 | 1996년 11월 |
|---|---|
| 설립목적 | 디자인육성, 디자인창조, 디자인교류, 디자인시설확충 |
| 운영방법 | 연구개발센터운영, 일반인 디자인 교육프로그램, 산업체와 실무 디자이너들을 위한 지원, 디자인컨설팅, 기획, 신제품개발을 위한 프로젝트, 디자이너 알선, 관리, 디자인서비스, 이벤트, 공모전기획 등. |
| 부속시설 | 다목적전시관, 디자인박물관, 디자인도서관, 디자인백화점. |
| 특성 | 공공기관과 민간기업이 디자인 진흥을 위해 자금을 지원하는 공공사업개념으로 출발, 민간기업 지원서비연구 및 제안, 기업발전 민간 및 기업컨설팅 사업, 국제디자인네트워크를 추진하고 있다. |

---

36) KIDP, 「디자인 지식정보 보고 1」, 2006, 6쪽.
37) http://www.idcn.jp/e/, idcn website 참고.

나. 도야마현 디자인센터(Toyama Design Centre)

도야마현 디자인센터는 중소기업 지원을 목적으로 설립된 도야마 기술 개발재단의 한 조직으로 1990년에 설립되었다. 이 디자인센터는 디자이너 발굴 및 지역 산업발전에 필요한 디자인의 독창성을 높이기 위한 각종 디자인 연수, 디자인 연구 및 개발 지원, 적절한 디자인 인재소개 등 데이터베이스 구축과 디자인 코디네이션, 디자이너의 교류를 지원하고 있다.

〈표 2-8〉 도야마현 디자인센터 현황

| 설립년도 | 1990년 |
|---|---|
| 설립목적 | 현 내 중소기업지원 |
| 주요활동 | 독창성을 높이기 위한 각종 디자인연수, 디자인 연구 및 개발지원, 적절한 디자인인재 소개 등을 위한 데이터베이스 구축과 디자인 코디네이트, 디자이너의 교류를 지원 |
| 주요사업 | • 디자인 교육 연수 사업 / 디자인 개발 사업<br>• 디자인 정보 커뮤니케이션 사업<br>• 디자인 보급 및 계몽 사업 / 디자이너 교류 지원 사업 |

3) 일본의 디자인 교육

일본은 국제화시대에 대응하여 디자인 활동을 강화하기 위하여 국제간 정보교류, 일본 디자인계의 동향을 게재한 〈디자인 쿼터리 재팬〉 등의 발간을 통한 해외 홍보, 국제회의 개최 및 참가, 해외 디자인 연구 및 조사원의 파견을 전개하고 있다. 일본은 매년 10월 1일을 디자인의 날로 제정하여 진흥회를 중심으로 이날을 전후하여 디자인 분야와 관련된 정부, 산업, 디자인, 학계가 참여하는 가운데 전시, 기념사업 등 다채로운 행사를 개최하고 있다.

## 4) 일본 국가디자인 정책의 특징

### (1) 지역에 있어서 디자인의 진흥

일본의 디자인 정책은 중앙과 지역이 조화를 이루는 디자인 진흥 모델의 전형이라고 할 수 있다. 특히 일본의 지자체들은 물론 지방에 있는 대기업들은 디자인이 지역 경제 활성화에 커다란 역할을 수행한다는 인식 하에 지역 디자인센터를 계속 설립하고 있다. 디자인창조 지원시설은 지역디자인 연구개발시설, 인재육성시설, 교류시설, 연구개발청 기업육성시설 등 네 가지 시설로 구성되어 있다.

일본은 지역산업의 고도화와 시민의 디자인 인식 강화를 촉진하는 사업으로 1966년 국제디자인센터를 나고야 디자인센터(International design Center Nagoya : idcN)에 오픈 하였다. 그 외 디자인 개발 연락협의회를 매년 운영하고 있으며, 전국디자인센터 회의에서는 디자인 진흥정책의 성공사례집 작성 등을 공동 연구하고 있다.[38]

### (2) 디자인 영역의 사회 확산

일본에서는 보다 쾌적하고 윤택함이 있는 국민생활을 실현하고, 또 산업활동의 고도화를 도모하는 데 있어서 디자인이 더욱더 중요한 것이 되고 있다. 이러한 인식하에 '디자인의 날'을 추진함으로써 디자인을 사회에 한층 더 확산시키고 있다. 첫째, '디자인의 날'로 통산산업성에서는 1990년부터 매년 10월 1일을 디자인의 날로 정하고 있다. 둘째, 우수(Good) 디자인상품 선정사업(G마크제도)에서는 디자인이 우수한 상품과 시설을 선정하고 있다.

---

38) 김영호, 「디자인 정책의 문화적 가치체계 확립에 관한 연구」, 대구대학교 디자인연구소, 2003, 47-48쪽.

## (3) 중소기업에 있어서 디자인 진흥

중소기업은 수주형의 생산형태(하청기업)에 있는 것이 많다. 중소기업 스스로 상품디자인 개발 및 기술개발을 하는 경우가 대부분이다. 그리하여 오리지널리티가 높은 상품개발에 유효한 디자인의 원활한 도입 및 디자인 개발력의 강화를 도모하는 것이 중요시되고 있다. 따라서 디자인 인재 육성정책을 활용한 디자인 개발력의 강화 등 도모와 중소기업청 관련 시책의 적극적인 활용을 추진하고 있다.

## 5) 일본의 디자인 정책 전략 구조

일본은 영국 디자인 진흥제도를 적극적으로 도입하고 토착화하여 성공적인 다자인 진흥제도를 수립한 대표적인 나라이다. 일본 디자인 진흥 정책 구조는 크게 중앙정부의 지원을 받는 단체와 지방정부와 지역 민간 경제단체 지원을 받는 지방정부 산하기관으로 분류한다.

일본의 디자인 정책 기본방향은 제조업의 고부가 가치화, 국가 브랜드 확립에 연계 추진하는 점을 특징으로 들 수 있다. 일본 디자인 진흥정책은 지역 내 중소기업의 디자인 지원과 판매전략 지원 등 지역산업 활성화와 직접 연관되는 사업에 주력하고 있다. 중소기업 경영진 대상 교육 및 해외 세미나 등의 행사를 통해 디자인 마인드를 고취시키고, 교육지원을 통해 기업의 디자인능력 향상과 동시에 디자인산업 활성화를 촉진하는 정책을 펼치고 있다.

또한 기업의 디자인 지원에서 더 나아가 해당 지역의 주력사업과 시장을 연결하고, 지역 특성에 맞는 전략할 수행 모델을 찾는 디자인 정책을 추진한다. 일본의 디자인 진흥정책은 국내외 전시회, 중소기업 지원

사업, 인재육성 및 지역 디자인센터 활성화 등 다양한 분야에 디자인산업을 육성하기 위한 제도를 마련하였다.

일본의 다자인정책 전략 구조는 다음 <그림 2-7>과 같다.

<그림 2-7> 일본의 디자인 정책 전략 구조

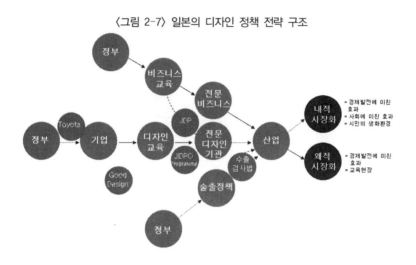

## 4. 한국

### 1) 한국의 디자인 정책

한국의 디자인 진흥정책 체제는 형식적으로는 1970년 설립된 한국디자인포장센터를 중심으로 지식경제부가 주도하는 일원적 디자인 진흥체제를 40년째 유지하고 있다.[39] 현재는 문화체육부와 각 지자체의 디자인

---

39) 김종균, 「선직국 디자인 진흥체제의 유형분석과 한국의 발전방향 연구」, 『디자인학연구』, 2009, 17쪽.

에 대한 관심고조와 각종 공공디자인 사업의 참여로 인해 다원적인 디자인 진흥사업이 진행되고 있으며, 문화체육부를 중심으로 디자인기본법이 발의된 가운데 한국의 디자인 진흥체제는 변화하고 있다.

한국의 디자인산업이 자생적으로 발전한 요인은 무엇보다도 정부의 지원이 중요하다. 한국정부는 디자인산업 발전에 대하여 많은 관심을 가지고 계속 지원하고 있다. 대표적인 두 가지의 지원은 첫째, 매년 산업디자인 진흥대회를 통하여 대한민국 디자인 및 브랜드 대상을 시상하며 그동안의 디자인 진흥의 성과와 앞으로의 진흥계획을 발표하고 있다. 둘째는 코리아디자인센터(KDC)의 개관이다.

1993-1997년 제1차 종합계획의 주요 내용은 창의력과 실무 능력을 갖춘 디자인 인력 양성이고 디자인 인프라 구축을 위해 디자인센터 및 디자인 정보 유통체제의 구축을 계획하였는데, 한국 산업에 중요한 요소로 등장함으로써 이를 활성화하기 위한 여건조성이 확고히 자리매김한 기간이다. 정부 정책도 지도 및 개발에 치중해왔던 사업 비중을 진흥업무로 개선한 시기라 할 수 있다. 이의 실행과제는 국제 수준의 엘리트 디자이너 양성을 위해 1996년 "국제디자인대학원대학교(현 홍익대 IDAS)"를 설립하였다. 또 코리아 디자인센터 건립 및 디자인 정보화 구축 5개년 계획 등을 수립하였다.

한국산업디자인 진흥원[40]은 1993년을 디자인 발전의 원년으로 삼고 보름에 걸쳐 기념식 및 유공자 포상, 디자인 전람회, 세미나, 벽화 제막식 등 디자인에 관련된 다양한 행사를 집중적으로 개최하여 디자인 이미지를 일상생활 속의 친밀한 이미지로 각인시켜 왔다.

1998-2002년 이후는 디자인산업 조성이 어느 정도 자리 잡은 상황 속에서 세계화 추세에 맞춰 디자인 분야 일류 국가라는 목표를 달성하기

---

40) 현 한국디자인 진흥원.

위해 매진한 디자인 세계화 추진 시기로 디자인 벤처 지원 및 인프라 조성 등이 추진되었다. 1999년 11월 10일 "제1회 디자인 진흥 대회"에서 산업자원부 장관은 "디자인 강국"을 육성하기 위한 정책으로 '디자인산업의 비전과 발전 전략'이란 보고서를 한국 대통령에게 제출했다.[41] 디자인 인프라 구축을 위한 노력으로는 2001년 9월 코리아디자인센터(KDC)를 건립하고, 한국 디자인 세계화의 기틀 마련을 위해 2000년 세계그래픽디자인(ICOGRADA 2000 Seou)대회와 캐나다 토론토에서 개최된 총회에서 2001년 ICSID대회를 유치하면서 한국의 디자인 분야도 국제사회에서 인정받으며 세계무대로 나서게 되었다.

또한 대한민국디자인대상 시행 등 디자인에 대한 범국민적 인식 확산을 위한 계획이 수립·추진되었다. 2003년부터 전 세계 유명 디자인상품과 한국 상품을 비교, 전시하며, 디자인 비즈니스의 새로운 세계행사로 "디자인코리아"를 매년 개최하고 있다.

제3차 한국 종합계획은 디자인 역량 강화를 통해 산업 경쟁력 강화와 국가이미지를 재고하여 세계7대 디자인 선진국 대열에 합류하기 위해 국가 CI 프로그램 추진과 국가 브랜드 가치재고 방안 강구 등을 통한 국가 이미지 혁신이다. 또한, 2007년부터 'Global Design Outlook', 'Design Issue' 등 디자인 관련 최신 트렌드 및 동향을 분석한 보고서를 발간하여 제공해왔다.

한국은 디자인산업을 신속히 선진국 수준으로 성장시키기 위하여 '디자인 비전2010 보고서'를 작성했다. 2010년까지 "world design leader"로 성장하는 데 필요한 기본 전략과 전략 과제들을 구현할 수 있는 실천적인 방안이 마련된 것이다. 이를 토대로 산업 지원부는 2003년부터 시작

41) 금진우, 「디자인 진흥정책 체계의 문제점과 개선 방향」, 『한국디자인포럼』 3(한국학총서 5), 한국디자인 트렌드학회, 2005, 61쪽.

되는 제3차 산업디자인 진흥 조합계획을 마련하였다.

한국 디자인 진흥정책은 강력한 정부 주도의 디자인 정책이라는 점으로, 이를 통해 짧은 기간 동안 디자인산업이 괄목할 만한 양적·질적 성장을 달성할 수 있었다.

이상 한국의 디자인 정책을 정리하면 다음 <그림 2-8>과 같다.

<그림 2-8> 한국의 주요 디자인 정책

## 2) 한국의 디자인 진흥기관

### (1) 한국의 국가 디자인센터(NDCs)

가. 한국디자인 진흥원(Korea Institute of Design Promotion)

한국디자인 진흥원은 한국디자인과 함께 해 온 지난 40년 동안 디자이너 한 사람으로 부터 수출중소기업과 디자인전문기업, 지방자치단체와 정부에 이르기까지 대한민국의 사회문화적, 경제적, 국가적 디자인 진흥을 위한 다양한 사업을 펼쳐왔다. 한국 디자인 진흥을 위한 KIDP의 주요 사업은 다음과 같은 6개 부문으로 추진되었다.

〈그림 2-9〉 한국디자인 진흥원의 주요 추진부문[42)]

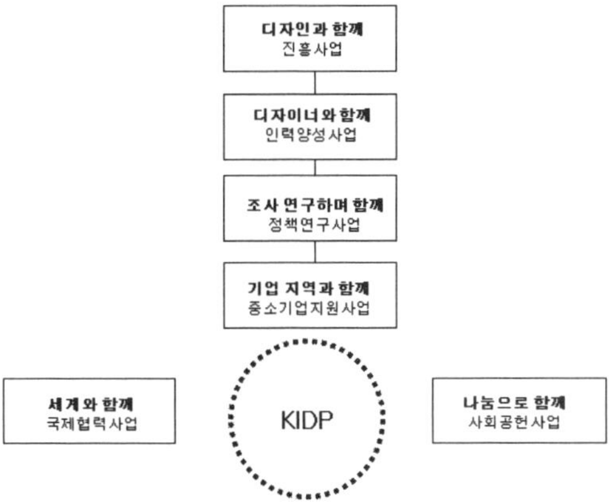

디자인과 함께
진흥사업

디자이너와 함께
인력양성사업

조사 연구하며 함께
정책연구사업

기업 지역과 함께
중소기업지원사업

세계와 함께
국제협력사업 — KIDP — 나눔으로 함께
사회공헌사업

한국은 산업디자인의 개발촉진 및 진흥을 위한 사업을 효율적이고 체계적으로 추진하기 위하여 2001년 2월 3일에 한국 중앙정부 유일의 디자인

---

42) "한국 산업 디자인 진흥법 전문" 1997.12.31, 법률 제3070호.

진흥기관인 한국디자인 진흥원(KIDP)이 새롭게 출범하였다. 한국디자인 진흥원의 중요한 기능은 디자인 정책수립, 개발지원 사업, 출판 및 홍보사업, 정보화 사업, 전시사업, 교육·연수사업, 지방의 산업디자인 진흥을 위한 사업, 국제교류·협력사업, 정부의 위촉사업, 기타 대통령이 정하는 사업 등 많은 사업을 시행하고 있으며, 한국의 디자인산업발전에 일익을 담당해 왔다.

한국디자인 진흥원(KIDP)의 중요 프로젝트는 디자인 진흥정책을 개발하고 디자인 진흥을 위한 제도를 정비하기 위하여 대한민국 디자인 및 브랜드 대상 제도를 운영하고 있다. 또한 디자인 진흥을 위해 다양한 디자인연구와 조사활동도 수행하고 있다.

## (2) 한국의 지역디자인센터(RDC)

지역디자인 진흥센터(RDC)는 디자인산업의 전국적 균형 발전과 이를 통한 지역 특화 산업의 고부가가치 재고와 권역별로 디자인 진흥을 담당하기 위한 종합 디자인 인프라로 활동하기 위해 설립되었다. 한국 RDC는 광주디자인센터, 부산디자인센터와 대구·경북디자인센터 3개소가 있다.

〈표 2-9〉 한국 지역 디자인센터 건립 현황43)

| 구 분 | 사업 기간 | 설립 목표 |
|---|---|---|
| 광주디자인센터 | 2002. 12-2009. 2 | • 국토 서남권 디자인 HuB<br>• 지역 특화형 디자인 비즈니스 Complex센터 구현 |
| 부산디자인센터 | 2002. 12-2008. 3 | • 부산·울산·경남지역 경제 활성화를 위한 부가가치 창출 선도<br>• 아시아의 대표적인 디자인 혁신도시로 구체화 목표 |

---

43) 출처 : 이진렬, "디자인 경영 PPT자료", 조선대학교 미술대학원.

| 구 분 | 사업 기간 | 설립 목표 |
|---|---|---|
| 대구·경북디자인센터 | 2003. 7 - 2009. 12 | • 지역중소기업의 경쟁력 강화<br>• 지역사회의사회적 자본 확대(품격, 신뢰,<br>브랜드) |

가. 광주디자인센터(GWANGJU Design Center)

광주 RDC는 광주 지역민들의 삶은 물론 기업경영, 국가경영 등에 대한 디자인이 그중심에 있고, 첨단 산업도시, 아시아 문화중심도시로 광주에 디자인센터가 있다.[44]

나. 부산디자인센터(Design Center Busan : dcb)

부산 RDC는 "부산·울산·경남지역 등의 경제 활성화를 위한 부가가치 창출 선도와 부산을 아시아의 대표적인 디자인 혁신도시로 구체화 한다"[45]는 목표를 설정하고 있다. 부산 RDC는 부산 디자인센터를 명실상부 아시아 최고의 디자인 진흥기관 반열에 올려놓을 수 있도록 노력하고 있다.[46]

다. 대구·경북디자인센터(Daegu Gyeongbuk Design Center : dgdc)

대구·경북 RDC는 21세기 창조 경영·지식 산업화의 핵심 키워드로 부각되고 있는 "디자인"에 대한 대구 경북지역의 거점 및 허브역할을 수행하고 기업의 새로운 부가가치 창출을 견인하기 위한 디자이너-디자인학계-디자인회사-전 분야 및 산·학·연·관이 함께 협업하는 Design Concurrent 센터를 지향한다.[47]

---

44) http://www.gdc.or.kr/ 광주디자인센터 홈페이지 참고.
45) 자료출처 : 중소기업의 디자인 개발 지원 : KIDP 참조.
46) http://www.dcb.or.kr/ 부산디자인센터 홈페이지 참고.
47) http://www.dgdc.or.kr/ 대구경북디자인센터 홈페이지 참고.

## 3) 한국 디자인 교육

21세기 지식기반 서비스산업을 선도할 수 있는 인력은 특정 분야에 국한된 전문가가 아닌 '창의적 역량을 갖춘 다학제 전문가'로 기술, 인문, 사회, 환경 등을 통합적으로 이해하고 새로운 가치를 창조할 수 있어야 한다. 이미 영국, 미국 등 선진국에서는 정책적으로 20세기 말부터 다학제 전문인력을 육성하고 있는 상황으로 한국디자인 진흥원은 2007년부터 '캡스톤 디자인' 교육프로그램을 준비하여 대학교에 보급하였고, 그 성과를 바탕으로 2009년부터 '융합형디자인대학 육성'으로 확대 발전시켜 디자인을 중심으로 하는 다학제 디자인리더를 육성하고 있다.

－기 선정 8개 대학의 다학제 디자인교육 커리큘럼 개발
－성공사례 발굴, 홍보(5회) 및 선진 융합형디자인 교육 사례 조사
－현장 평가 및 성과발표회를 통한 중간 성과 평가 1회
－해외 선진대학교 협력기반 준비 21건
－글로벌 세미나 4회, 워크숍 6회 실시
－산학연계 프로젝트 25건 추진 중

〈표 2-10〉 한국 8개 대학의 다학제 디자인 교육 커리큘럼

| 대학명 | 지역 | 사업명 |
|---|---|---|
| KAIST | 대전 | 디자인중심 혁신유합교육 |
| 단국대학교 | 경기 | 한국형 융합디자인 교육 |
| 서울대학교 | 서울 | 글로벌 통합 디자인 교육 |
| 성신여자대학교 | 서울 | 파이형 생활문화 디자이너 양성시스템 구축 |
| 연세대학교 | 원주 | 생명, 건강, 의료 중심의 에코문화 융합디자인 |
| 영남대학교 | 원주 | YU융합디자인 전문교육 프론티어 조성사업 |
| 조선대학교 | 광주 | 광산업 선도디자인 전문 인력 양성교육프로그램 및 사업화 |
| 홍익대학교 | 서울 | 융합형디자인 경영(미래콘셉트디자인)전문가 양성시스템 |
| 국제 디자인전문 대학원 | | |

4) 한국 디자인 정책 전략 구조

한국의 디자인 정책에 대한 진흥구조는 <그림 2-10>과 같다. 한국의 디자인 진흥정책은 정부와 기업의 협조아래 주요 디자인 진흥사업만을 결정하고 집행하는 중도주의적 모형에 가깝다. 따라서 정부의 디자인관리 지원정책은 주로 디자인산업의 기반조성에 초점이 맞추어져 있기 때문에 실질적으로 기업의 디자인개발을 통한 경쟁력 강화를 위한 산업별 지원 대책은 미흡한 편이다. 그러므로 디자인 개발의 주체인 기업과 디자인 개발을 담당하는 디자이너가 직접 참여할 수 있는 방안이 마련되어야 한다.[48]

<그림 2-10> 한국 디자인 정책 전략 구조

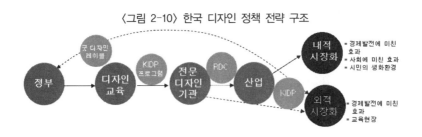

한국의 디자인 정책은 산업 정책에서 비롯하였으나 교육을 특히 강조하였다. 한국은 안정적인 정책 제도에서 이익을 얻었고 투자 능력을 통해 구조화된 정책을 관리하여 지속적이고 빠른 속도로 발전하였다. 또 정책 역시 공공정책(KIDP's label 'good design')에 의존하여 수요위주의 주도권을 통합하였다. 한국의 디자인 정책은 정부가 주도하고 자금을 지원

---

48) 금진우, 「디자인 정책의 집행 체계 확립」, 『정보디자인학연구』, 3(한국학총서 5), 한국 정보디자인학회, 2004, 22쪽.

하며 아시아 디자인 허브를 만드는 것이다.

국가적 차원의 디자인 시스템의 개념은 상관된 네트워크에 관련된 주 주들이 참여하는 디자인 활동의 복합적이고 역동적인 본질을 강조하기 위하여 사용된다. 한 나라의 디자인 시스템은 디자인에 대한 지식과 능력을 축적한 조직이나 재정적인 지원이나 정치적인 방향에 기인한 네트워크에서 상당히 영향력이 있는 조직이 포함된다. 따라서 교육, 진흥, 지원프로그램을 실행하기 위해 지정된 에이전트 이외에 국가적 차원의 디자인 시스템은 전문 디자인 협회와 융자기관이 포함된다. 더불어 국가 디자인 시스템과 국가 차원의 사례연구를 제시하고 논의가 필요하다.

## 제3절 국가별 디자인 정책 종합 비교분석

이 글의 해외사례를 종합평가해 본다면, 먼저 각 국가의 진흥 프로젝트 측면에서는 부분적으로 정부기관에서 지원을 위한 다양한 노력과 산업협력에 대한 관심이 높아지면서 일부는 좋은 성과를 이루고 있다는 것이다. 그러나 전반적인 결과를 놓고 보았을 때 중국의 디자인 정책은 아직도 미숙한 단계에 있다고 볼 수 있다.

### 1. 지원제도의 특징

각국의 디자인 정책 수단을 크게 정책개발, 진흥기관, 시상 및 홍보, 국제교류, 교육, 진흥개발 및 지원 등으로 나누어 디자인 진흥 분야에서 세계적인 모범 사례라고 할 수 있는 영국, 핀란드, 일본, 한국 등 선진국의 사례연구를 하였다.

세계적으로 디자인에 대한 중요성이 인식되고 있으며 국가적 차원의 디자인 발전을 위한 정부의 노력은 공통적으로 이루어지고 있으나, 정부의 개입정도 및 개입유형 등은 각각의 국가에 따라 다르게 나타났다. 이러한 차이는 비단 디자인 정책만의 특성이라기보다는 해당 국가의 일반적인 정책기조를 반영한 것으로 서로 다르게 나타났다.

디자인 정책에서 국가전체와 지역적인 핵심요소는 각 국가별 문화와 역사에 따라 다르게 시행된다. 연구 사례를 살펴보면 디자인 진흥의 디자인 정책 체계 조직 구조는 정부의 국가이익 이해여부를 불문하고 디자인과 진흥 활용에 대한 정부의 인지도에 달려있다. 디자인 진흥의 대상은 크게 세 가지 분야로 나누어지는데 공공분야와 일반 대중, 민간분야이다. 그리고 국가적인 차원의 디자인 진흥에 대한 핵심요소로는 대학의 학문적인 디자인 각성, 진흥, 교육, 연구 등이 있다.

영국은 국가적 디자인 진흥의 표준이다. 정치지도자가 직접적으로 디자인 진흥노력을 추진하고 있고 디자인 정책과 예술정책이 구분되어 있지 않은 편이며, 총체적인 관점에서 디자인 진흥이 이루어지고 있다. 중앙정부와 지역 디자인센터가 각기 공존하고 있으며, 중앙정부의 주도적인 진흥활동이 있기도 하지만, 전문적인 법규나 예산이 편성되지 않은 가변적인 조직이다. 영국의 경우 상공부의 지원 디자인 카운슬이라는 기관이 디자인산업정책을 전체적으로 조정하고 실행하는 역할을 하고 있다.

핀란드는 통상 산업부의 재정적 지원을 수행하고 있다. 2005년 디자인 프로그램인 전국디자인 정책제안서는 핀란드 무역 산업부, 연구개발 기금, 교육부, 외교문화부를 대표하는 다학문 그룹이 승인을 하고 확정하였다.

일본은 1958년에 설립된 산업 통상국 디자인과가 디자인 전문업체를 비롯한 중소기업 등의 디자인 정책전반을 관리하고 있다. 일본은 일본의

특성에 맞게 디자인 진흥정책 및 제도를 토착화하여 빠른 적응이 될 수
있게 정책수립과 시행에 있어 시행착오의 최소화를 위해 많은 고려를 하
고 있음을 알 수 있었다.[49] 주요 지역별로 지역 디자인센터를 운영하면
서 디자인 인식 재고, 중소기업 디자인 진흥, 지역 디자인 진흥, 디자인
국제협력 측면의 다양한 정책을 시행, 인재개발 센터 사업을 통해 실무
형 디자인 인재양성 활동을 전개하고 디자인 커리큘럼지침 제정과 대학
원, 경영자 교육 과정에 디자인 교육을 접목하기 위한 지원 사업 시행,
디자인 박물관 설립을 통해 일반국민들의 디자인 체험기회를 확대하고
디자인 교육기회를 마련하기 위한 정책을 수립하고 있다.

한국은 지식경제부 산업디자인과가 디자인산업정책을 주관하고 산하
기관인 한국디자인 진흥원이 실행하는 국가 정부지원 중심으로 디자인
진흥정책이 이루어지고 있다. 디자인산업구조가 수도권에 편중되어 있고
한국디자인 진흥원과 지역디자인센터와 각 디자인 기관들 간의 역할의
재정립이 이루어지고 각 부처의 정책에서 디자인의 중요성이 점차 확대
되는 추세이나 대부분 중앙부처의 디자인 정책 방향이 뚜렷하지 못하다.

영국과 비슷한 동기로 한국은 동아시아 지역에서 디자인산업의 중심이
되어 중국과 일본을 겨냥한 디자인산업의 중심지가 되고자 하였다. 이러
한 디자인산업의 중심지가 되기 위해 필요한 인프라구조와 지식기반을
만들어 내고 디자인 교육과 산업에 디자인 활용도를 높이고자 하는 한국
정부의 노력을 통해 기업의 제품에 대한 디자인 품질이 높아졌다. 일본,
핀란드 등은 디자인산업에 대한 직접 지원보다는 간접지원의 방식을 중
심으로 산업 디자인의 진흥을 위한 노력하고 있음을 알 수 있다. 반면에

---

49) 조규명, 「연구중심대학의 디자인 산학협력체계에 관한 연구」, 국민대학교 학위논문(박
    사), 3(한국학총서 5), 국회도서관, 2008, 44쪽.

한국은 직접지원과 간접지원 모두 정부정책이 미흡함을 알 수 있다.
<표 2-11> 및 <표 2-12>는 주요국가의 디자인 정책 및 특징에 대
해 비교한 내용이다.

〈표 2-11〉 각국의 디자인 정책 지원 비교

|  | 영국 | 핀란드 | 일본 | 한국 |
|---|---|---|---|---|
| 주무정부기관 | 상공부 | 통상산업부 | 통상 산업성(Miti) 구제무역국 디자인 정책실 | 통상산업부 (MOTIE) |
| NDCs | Design Council | Design Forum Filand | JIDPO, JDF | KIDP |
| RDC | Design Wales | | 나고야 국제디자인 센터 도야마 디자인센터 | 광주/부산/대구 디자인센터 |
| 유형 | 통제형 디자인 정책 | 통합형 디자인 정책 | 혼합형 (간접적) 디자인 정책 | 중앙집중형 디자인 정책 |
| 정책 계획 기간 | 1944 A.D. 디자인 협의 건립 | Design 2005 | 1997 A.D. 국가 디 자인 정책계획 완성 | 1993 A.D. 정보화 구축 5개년 계획 |
| 디자인 교육 | 강화 대학교 디자인 교육 양성 | • TEKES와핀란 드 아카데미의 연구 프로그램 • Designium 혁신 센터 | 디자인 인재발전 센터 건립 The Designperson Development Center | • 국제디자인대학 원대학교(IDAS) 국가차원 국내 기업에서 학교 인재 육성 센터 • 국제 디자인 고등 교육 기관 |
| 국내 디자인 의식 | Good Design Award 개최 국가디자인 박물관 건립 | | • G-Mark 선발 • 국제디자인날 거행 | • G-Mark 선발 • 국가 디자인센터 건립 |
| 국제교류 | ICSID 총회 개최 | | • ICSID 총회(JDF) • 아시아 디자인 네트워크 건립 | 서울 ICSID총회 개최 ICOGRAD총회개최 |
| 기업 관계 | Businesslink 연결 | | | 국가 중소기업내부 디자인부문 도움 |

〈표 2-12〉 각국의 디자인 정책 지원 및 특징에 대한 비교

| 영역 | 국가 | 주요정책 및 특징 |
|------|------|------------------|
| 디자인 정책 & 지원제도 | 영국 | • 국가 주도 디자인 진흥기관<br>• CREATIVE BRITAIN (국가이미지의 강화사업)<br>　- 국가지도자들의 디자인 진흥정책선봉<br>• 대학 및 산업체에서의 자발적인 산학협동 프로젝트 운영 |
| | 핀란드 | • 국가 주도 디자인 진흥기관<br>• Design Forum : 기업과 디자인 전문회사 연결 기능 : 디자인 전시, 정보가공・전파, 조사・연구, 수요자 서비스센터 |
| | 일본 | • 중앙과 지방이 조화를 이루는 독특한 디자인 진흥 모델<br>　- 디자인 진흥업무 : JIDPO-G마크운영<br>　- 디자인 연구개발 : 제품과학연구소<br>• 지역사회 및 지역산업의 활성화를 도모하기 위한 지역별 디자인 진흥<br>• 우수 디자인 상품개발 지원<br>• 지방디자인거점 "디자인센터" 설립<br>　- 47개 현에 디자인 진흥기구 설립('87)<br>• 중소 기업의 디자인 활용을 통해 경쟁력 강화를 위한 중소기업별 디자인 진흥<br>• 국제 경제사회와의 상호 의존관계를 시화하기 위한 국제교류 진작<br>• 디자인의 유용성에 대한 전반적인 인식 재고를 위한 디자인 보급 및 개발 |
| | 한국 | • 국가 주도 디자인 진흥기관<br>• 정보화 구축 5개년 종합디자인 진흥 계획<br>• 한국 디자인 진흥 및 저변 확대에 가장 중심적 역할 기관은 현재 산업지원부 산하기관인 한국디자인 진흥원(KIDP) 수행<br>• 전통적으로 한국사회는 중앙집권적인 정책결정구조를 이루어 왔기 때문에 국가 차원의 포괄적인 디자인 정책이 주류를 이루어왔으나 지방자치가 실시되면서 문화 분야에 있어서도 분권화의 추세와 함께 지방정부주도의 지역 디자인 정책. |

| 영역 | 국가 | 주요정책 및 특징 |
|---|---|---|
| 산업체 | 영국 | • 공학과 디자인이 결합된 "고품격 디자인"<br>• 비즈니스 링크 사업 : 경영 제품 개발, 기술, 디자인 등을 통합 지도 및 자문<br>  −중소기업이 외부 디자이너와 제품개발, 기술, 디자인 등을 통합지도 및 자문<br>  −중소기업에 컨설턴트를 추천하고 비용의 50%를 정부가 무상 지원 |
|  | 핀란드 | • 자국의 공예적 전통과 디자인의 접목으로 산업의 경쟁력 향상<br>• 디자인을 통한 국제디자인 전시 사업 : 아시아 디자인 국제 교류사업 |
| 산업체 | 일본 | • 중소기업의 디자인 개발 지원 : 지원산업 고도화 특정 사업, 정보제공, 중소기업 디자인 국제화 진흥 사업, 전통 공예산업 진흥보조금 지원 |
|  | 한국 | • 지역디자인 혁신기반 확충(DIC. RDC 등 조성함)<br>• 국가 환경 디자인개선<br>• 디자인기업 및 전문 인력의 질적 수준 재고<br>• 디자인 지향적 산업기반 구축<br>• 중소기업 기술개발 지원<br>• 인력양성<br>• 진시 / 진흥 |
| 디자인 교육 | 영국 | • 대학교디자인 교육 양성 강화 |
|  | 핀란드 | • 디자인 종합대학 : 헬싱키 산업 예술대학(1975)<br>• TEKES와 핀란드 아카데미의 연구 프로그램<br>• Designium 혁신센터 |
|  | 일본 | • 디자인 인재발전센터 건립(The Designperson Development Center) |
|  | 한국 | • 국제디자인대학원대학교(IDAS) 국가차원 국내 기업에서 학교 인재육성센터<br>• 국제 디자인 고등 교육기관<br>• 우수한 교육·연구현황 조성<br>• 대학 및 대학원의 특성화 촉진<br>• 산학협력 및 국제적, 학제적 협업 촉진 |

각 국가별 특징을 보면 첫째, 지방의 디자인 진흥의 빠른 보급과 정착을 위하여 지역 디자인센터의 설립과 디자인 진흥 기구를 설치하는 데

역점을 두고 있으며 둘째, 디자인 네트워크를 구축하여 디자인 진흥기관, 유관기관, 중소기업 간에 온라인으로 정보를 주고받으며, 기업과 기업 간 정보를 공유하도록 합동조사를 실시하는 등 산·학·관의 유기적 협동이 돋보인다. 특히 디자인 진흥 업무와 디자인 연구개발을 이원화하여 각기 다른 기관에서 체계적이고 전문적으로 추진하고 있음도 주목할 만한 내용이다.[50)]

이상 국가별 디자인 정책의 특징을 정리하면 다음 <표 2-13>와 같다.

〈표 2-13〉 국외 디자인 진흥 정책 특징

| 강력한 중앙정부 지원 | 디자인개발 투자의 위험부담을 국가가 책임 |
| 디자인 정책 기관 | 국가가 전적으로 예산지원 |
| 장·단기 정책수립 | 중앙부처 및 지자체의 특성에 맞는 차별화 전략 |
| 장·단기 정책추진 | 타 분야와 긴밀한 상호연계성 구축 |
| 종합디자인센터 | 지역디자인센터를 중심으로 디자인 전반에 관한 체계적 육성 경쟁력 향상 기업참여 지방자치단체의 투자 |

## 2. 디자인 진흥 구조 모델 특징

이 글을 통해 한국 등 대부분 국가의 정부부서에서 디자인 정책은 성공하였지만, 디자인 진흥과 지원 면에서 타 부서와 협력이 원활하지 못하다는 것을 발견하였다.

앞의 비교 분석에서 나타난 4대 국가의 가장 확실한 특징은 비영리성과 정부의 역할이다. 핀란드와 한국 정부는 디자인 정책과 프로그램에

50) 조규명, 「연구중심대학의 디자인 산학협력체계에 관한 연구」, 국민대학교 학위논문(박사), 3(한국학총서 5), 국회도서관, 2008, 44쪽.

자금을 조달하고 전략을 수립하는 데 중요한 역할을 한다. 공공자금이 없으며 디자인 프로그램에 대한 독립된 주도권이 없는 중국과 다른 국가에서는 시나리오가 다르다. 즉 직접적인 결과로 공공 분야와 민간과 비영리 분야의 균형에 차이가 있으며, 한국과 핀란드에 비해 민간분야와 정부가 아닌 단체의 주도권이 더 많이 나타난다. 더욱이 리더십과 통합은 개발도상국에 비해 한국과 핀란드에서 보다 확실하게 규정되어 있는데 정부가 중요한 재정적 역할을 하기 때문이다.

한국에서는 디자인 진흥의 미래가 중앙정부의 해당기관 주도에 달려있다. 중국의 디자인 정책 프로그램 수립은 공동 조정의 형식이나 재정 자금의 부족으로 위기에 처한 실정이다. 한국 KIDP가 정부 내 여러 부서에 디자인 개발관련 자금과 서비스를 일부 또는 전체를 제공함에도 불구하고 권한이 부족하여 정부 부서와 직접적인 협력을 할 수 없다.

영국에서는 정부 부서가 새로운 계획과 특정사업 개발과 실행을 위하여 일반적으로 디자인 위원회와 긴밀히 협력한다. 다수의 정부 부서가 Cox제안서의 실행에 참여하며, 위원회는 비즈니스 개혁, 과학, 문화, 미디어, 스포츠 부서에 관한 사항을 정부 부서와 협력한다. 하지만 정부 부서의 다양한 자금 조달 방법과 위치 때문에 협력관계가 원활하지 못하고 부서와 위원회 사이 영향력과 권한도 다르다.

이 글에서 발견한 점은 각 국가의 NDC가 정부자금에 의존하며 정치적 환경과 NDC 디자인 지원정책과 직접 관련이 있다는 것이다. 디자인과 사업지원을 위한 장기계획에 대한 제안은 거의 없는 편이다.

영국과 핀란드, 일본, 한국의 국가 정책에 대한 분석을 통해 국가 차원의 디자인 정책 모델 개발의 대안이 제시될 수 있다.

국가 주도의 디자인 정책에서 비롯된 원칙은 다음과 같이 요약해 볼 수 있다.

1) 디자인의 역할은 보편적으로 확장되었다. 따라서 국가적 차원의 디자인 정책은 사회와 산업에서 디자인에 관련된 모든 영역을 고려해야 한다.

2) NDC는 국가적 디자인 정책을 개발 실행하기 위해 독립적이어야 한다.

3) 국가의 정부주도 디자인 정책은 디자인 역량을 개발하기 위해서는 비정부 주도 디자인 정책 보다 적합하다. 하지만 NDC는 디자인 정책의 개발과 실행에 있어서 NGO와 협력해야 한다. NDC와 중앙정부의 관계를 독자적으로 평가해야 한다.

4) NDC는 급속히 변화하는 산업환경에 신속히 반응하고 산업의 발달과 변화 그리고 비즈니스 욕구를 순향적으로 이해하고 미래의 추세 예측에 노력해야 한다. 또한 NDC는 대학과 협력하여 디자인산업분야의 실험적 연구를 시행해야 한다.

5) NDC는 디자인 관련 전문부서와 지역 지원기관과 긴밀하게 협력하여 국가적 차원의 정부 지원 디자인 계획을 달성하고 조직간 시너지 효과를 강화해야 한다.

6) 디자인 정책의 개발과 실행은 각 국가의 다양한 문화와 정치 환경을 기초로 해야 한다.

이러한 원칙에 따라 각 국가의 디자인 진흥 모델과 각 모형의 장단점을 비교하면 다음 <표 2-14>과 같다.

〈표 2-14〉 국가별 디자인 정책 모델 유형 비교

| Model 1 : 국가 차원의 디자인 정책을 개발하고 실행하는 일은 국가 디자인기관이 주도.<br>각 정부 부서의 디자인 개체인 부서 대표가 디자인센터와 긴밀히 협력해야 한다. | | | |
|---|---|---|---|
| 장점 | ·국가 디자인센터는 각 정부 부서 대표가 디자인 정책 개발과 실행 시 협력해야 하므로 교과적인 디자인 정책의 개요를 마련할 수 있다.<br>·국가 디자인센터는 디자인 관련 정부 부서와 긴밀히 협력해야 한다.<br>·이러한 계획으로 디자인 정책 관련 정부 부서 간 과도한 경쟁과 비효율적인 자원 분배를 줄일 수 있다. | 단점 | ·국가 디자인센터는 각 부서 대표가 이사회에 속하므로 자율성이 떨어질 수 있다.<br>·개개 정부 부서는 그들의 계획을 다른 부서와 공유하는 것을 기피할 수 있다. |
| Model 2 : 국가 차원 디자인 정책 개발과 실행은 정부가 주도하고, 국가 디자인 기관과 협력.<br>디자인 관련 문제를 처리하는 디자인 담당 정부 부서는 디자인센터와 협력하고 디자인 정책 개발과 실행에 참여한다. | | | |
| 장점 | ·국가 디자인센터에는 디자인을 촉진하고 디자인 정책 개발과 실행 논의 책임을 지는 단 하나의 정부 부서만 있다.<br>·이렇게 하면 디자인 정책 관련 정부 부서 간 과도한 경쟁과 비효율적인 자원 분배를 줄일 수 있다. | 단점 | ·정부 부서가 대부분 디자인 진흥 책임.<br>·국가 디자인센터는 정부 부서가 디자인 관련 모든 문제를 국가적 차원에서 처리하므로 자율성이 적다. |
| Model 3 : 국가적인 차원의 디자인 정책은 정부 부서가 주도하고 지역 지원기관이 실행.<br>중앙 정부 부서가 디자인을 담당하며 디자인관련 모든 문제를 국가적 차원에서 처리한다.<br>정부 부서는 디자인 정책을 수립하여 디자인 정책 실행은 지역 지원기관에 위임한다. | | | |
| 장점 | ·디자인과 디자인산업을 지원하는 활동이 보다 지역기반인 지방 분권 국가에 적용가능<br>·디자인 정책은 산업 분야와 각 지역의 디자인 전문성과 관련이 된다. | 단점 | ·국가 디자인 정책은 각 지역 특성의 정책과 지역 상황이 있으므로 완전히 적용하기 어렵다.<br>·RSA는 자기 지역에서 디자인 정책을 실행하는데 자율성이 부족하다.<br>·정부 디자인 부서는 국가 디자인 정책 개발 시 각 RSA의 아이디어를 통합하는데 어려움을 겪는다. |

| | Model 4 : 국가 디자인 정책의 부재 : 디자인 NGO 활동.<br>이 모형은 정부보다는 시장의 수요에 의해 주도된다. 즉, 국가적 차원의 디자인 정책이 없고<br>디자인 NGO가 개별 목적을 기반으로 활동한다. | | |
|---|---|---|---|
| 장점 | · NGO 주도 디자인은 개인이 소유하고 자금을 자원하므로 정부 권력으로부터 자유롭다.<br>· 디자인 NGO는 디자이너와 디자인산업과 긴밀하게 협력하며 산업 욕구에 부합하고 산업 발달과 변화를 이해할 기회가 더 많다. | 단점 | · NGO는 디자인 활동 자금조달에 어려움이 있다.<br>· NGO는 디자인 활동에 대한 정부의 지원을 기대할 수 없다.<br>· NGO는 디자인 정책의 개발과 실행에 참여할 기회가 적다. |

여러 국가 정부기관에서 디자인 관련 활동을 처리한다. 디자인에 의해 영향 받는 정부활동은 산업, 교육, 문화, 관광, 스포츠, 교통, 건강 등의 영향을 받는다. 따라서 이 글의 분석 모델에서는 각 정부 부서의 디자인 개체가 NDC와 협력하고 각 정부 부서의 대표가 NCD 이사회에 참여하여 디자인 정책을 개발하고 실행한다. 중국의 디자인 정책 모형에 대한 장점을 요약하면 다음과 같다.

Model 1 : 국가 정부 주도 국가 디자인 정책

〈그림 2-11〉 디자인 진흥기관 구조역할 1

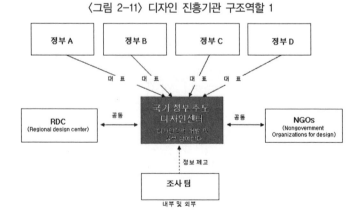

Model 2 : NDC와 협력적인 정부 주도 국가 디자인 정책

위의 접근 모형을 이용하여 정부 차원에서 디자인 관련 문제를 통합하여 디자인 정책 개발과 실행의 지원이 필요하다. 이 모형은 디자인 정책 개발과 실행에 있어서 NDC와 공동으로 디자인을 담당하고 디자인관련 문제는 국가적 차원에서 처리하는 정부의 단독부서 유형이다.

〈그림 2-12〉 디자인 진흥기관 구조역할 2

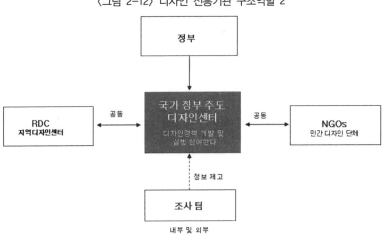

Model 3 : 정부 부서가 주도하고 지역 지원기관이 실행하는 국가적 차원의 디자인 정책

이 경우 중앙 정부 부서가 디자인 정책을 주관하여 디자인 관련 제반 문제를 국가적 차원에서 시행하므로 별도의 전국적 디자인기관이 필요하지 않다.

정부 부서가 디자인 정책을 수립할 때 디자인 NGO, 디자인 연구기관, 디자인 자문기관의 지원을 받으며, 지역 지원기관(RDC)에게 실행을 위임하고 디자인 자문기관이 RDC를 지원하여 지역상황을 고려한 디자

인 정책을 실행한다<그림 2-13>.

〈그림 2-13〉 디자인 진흥기관 구조역할 3

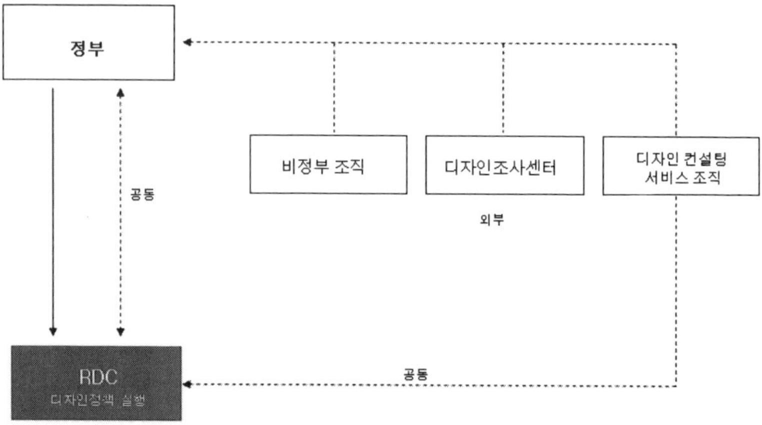

정부

비정부 조직    디자인조사센터    디자인 컨설팅 서비스 조직

공동

외부

RDC
디자인정책 실행

공동

Model 4 : 국가 디자인 정책의 부재 : 디자인 NGO 활동

이 모형에서, 국가 디자인 정책을 개발하고 실행하는 단일한 방법은 없다. 본질적으로 국가적 차원의 디자인 정책이 없는 것이다. 그 결과는 집권 정부와 그 나라 문화에 의존한다. 이모형은 시장의 힘과 수요에 의해 주도되며 디자인 NGO는 개별목적에 따라 활동할 것이다<그림 2-14>.

〈그림 2-14〉 디자인 진흥기관 구조역할 4

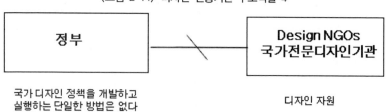

정부

Design NGOs
국가전문디자인기관

국가 디자인 정책을 개발하고
실행하는 단일한 방법은 없다

디자인 자원

본 연구의 결과 영국, 핀란드, 일본, 한국의 디자인 진흥구조의 근본적인 차이점이 도출된다. 국가의 디자인 제도의 미비는 시장보다는 정책결정의 문제와 더 많은 관련이 있음을 확인할 수 있었다. 선결과제로 효율적인 시스템을 개발하고 시장의 실패에 유연한 디자인 관련 중재를 개발하기 위하여 디자인 정책 입안자들이 디자인 진흥구조를 이해하고 관리해야 한다.

## 3. 디자인 진흥기관 특징

본 연구는 국가별 디자인 진흥기관들의 정책이 어떻게 실행되며 어떤 디자인 전략실행이 필요한가이다. 확고한 경제 성장을 이룩한 영국, 핀란드, 한국, 일본 등은 세계 경제에 직접적인 영향을 미쳤다. 여러 나라에서는 국가적 차원의 디자인 진흥기관을 중앙정부에서 운영하고 있다. 각 나라의 센터가 전체 나라의 디자인 정책을 관리하는 데 이용된다.

이미 기술한 각 국가의 디자인 진흥기관을 살펴보면, 한국은 디자인진흥원(KIDP)과 서울디자인센터를 포함하여 디자인을 진흥하는 주요 디자인기관이 몇 개소 있다. 한국의 KIDP는 국제적인 문제와 국가적 차원의 정책에 관련된 모든 비즈니스를 다루는 디자인센터로 구상되었다. 이제 한국의 지방자치단체는 자체의 지역적 디자인센터를 설립하기 시작하였는데 두 가지 유형으로 분류할 수 있다. 즉 중앙정부의 관리와 지방자치단체의 관리로 구분되며, 이 두 기관은 공존하며 상호 협력하여야 시너지효과를 발휘할 수 있다.

일본은 다른 두 나라보다 오랫동안 디자인을 진흥해왔으며 독특한 유형의 디자인기관을 개발하였다. 이 조직은 중앙 정부기관, 지역 디자인

기관, 비영리 사립 디자인 조직으로 분류된다. 이 세 가지 모두 기관 내 디자인 부서와 더불어 가까스로 생존하였다.

영국, 핀란드, 한국, 일본, 중국 등 모든 국가는 정부 주도 디자인 정책을 옹호한다. 물론 정부주도에도 여러 가지 유형이 있다. 이 글의 중국정책 방향 목적을 위해 디자인 정책에 직접적으로 영향을 미치는 4개국의 범주에 초점을 둘 것이다. 유럽의 영국과 핀란드, 아시아 3개국(한국, 일본, 중국)의 디자인 진흥기관과 디자인 정책의 비교는 다음 <그림 2-15>과 같다.

<그림 2-15> 5개 국가의 디자인 정책 비교도

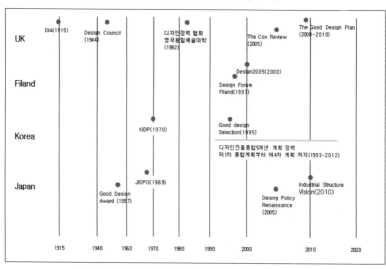

각 국가의 정부가 얼마나 일관성 있게 디자인 정책을 지원하였는지는 디자인 진흥기관이 설립 당시 상황을 고려해야 한다. 물론 중국의 경우에는 디자인 역사가 훨씬 짧아 정부지원의 고려 상황을 비교하기가 거의 불가능하다.

영국, 핀란드, 일본과 한국은 보다 비교가 가능하다. 한국디자인진흥원은 1970년 산업디자인 진흥법 제11조에 의거하여 설립되었으며, 중앙정부의 지원을 받는 공공기관이나 조직을 지원하는 정부 부속기관법이 적용된다. 일본, 중국과 달리 한국은 1993년 이후로 지속적으로 산업디자인 진흥 5개년 계획을 수립하여 시행하여 왔다. 일본 산업진흥기관은 1969년 설립되었으며, G-Mark를 포함하여 여러 디자인 정책을 도입하였다. 또한 2003년 '브랜드 확립으로 가는 지름길로서 디자인'을 구상하여 경쟁력을 높이기 위한 40가지 조언을 수록하였다. 2010년 일본의 경제무역산업 부서는 산업 구조의 비전을 제도화하여 일본의 문화산업을 지원하였다.

각 국가의 정부 자금조달 유형은 산업 진흥과 디자인 능력개발에 기여한다는 점에서 유사하다. 디자인계획을 5개년으로 입안 시행한 정부는 많지 않다. 분명히 정부 주도의 디자인 조직은 아시아 국가에서 효과가 있었다. 중앙 정부는 디자인 정책의 효율적 운영을 위한 필요한 정보를 소통하고 전파할 수 있었기 때문이다.

또한 각 국가에서는 디자인 조직운영의 예산이 매년 증가하고 있으며, 이는 디자인이라는 브랜드가 가장 큰 경제성장의 결과라는 믿음을 갖고 있다. KIDP, JIDPO 등의 디자인센터의 조직 운영에 따라 디자인에 대한 인식이 확산되었으며, 회사는 디자인을 필수적 운영의 일부로 받아들이게 된 것이다. 이러한 경향으로 각 국가는 디자인에 대한 의식을 재고할 수 있다.

# 중국 디자인 정책의 현황 분석 및 인터뷰 조사

제3장에서는 인터뷰의 내용을 정리, 분석한 결과와 "2007년 중국 디자인산업의 전반적인 경쟁력 강화를 위한 계획"에 근거하여 중국의 디자인 정책 현황(지원제도, 산업, 디자인교육)과 디자인 정책수립의 유의점을 규명하였다.

## 제1절 중국 디자인 정책 현황

### 1. 디자인 정책과 지원제도

#### 1) 중국의 디자인 정책 현황

중국 정부에는 공식적인 디자인 전담부서가 아직 존재하지 않는다. 다만, 중국에서 공공성을 지닌 기구로서 디자인과 상당부분 관련이 있는 세 기관을 주목해야 한다. 먼저 중국 전체의 디자이너와 디자인 회사를 회원으로 보유하고 전국에 걸쳐 다양한 디자인 활동을 주최 혹은 후원하고 있는 중국산업디자인협회(CIDA)로, 명목상 전국적인 조직을 갖춘 디자인 진흥기관이라고 볼 수 있다. 다만 독자적인 예산이 부족해 네트워크와 정보교류 위주의 사업을 전개하는 데 집중하고 있다. CIDA의 주타오(朱燾) 이사장은 중국정부의 자산관리공사 장관을 겸직하면서 오랫동안 중국 디자이너들의 권익 향상을 위한 정책개발과 기업의 디자인 인식 재고를 위한 여론형성을 지휘하고 있는 인물이다. 그는 2007년 5월에 개최된 양전 대회 기간 중에 원자바오 총리에게 보낸 특별서신에서 중국 정부 차원의 디자인 진흥기관 설립과 적극적인 기업체 디자인 개발 지원사업 등을 제안함으로써 중국 정부가 본격적인 디자인 진흥사업을 추진하도록 견인하고 있다. 베이징 동북쪽에 조성된 '따산즈 문화예술촌' 내에 있는 798갤러리는 세계 각국의 디자이너와 예술가들이 작품을 발표하고 있다.[1]

또 하나는 중국 중앙정부기구인 국가발전계획위원회 산하 산업정책사(産業政策司)로 디자인 육성을 위한 각종 지원정책을 개발, 연구하며 추진하고 있다. 이 기관은 중국 정부의 공식적인 디자인 담당부서로, 2006년 디자인을 중국 정부가 향후 추진할 15대 성장 동력 산업의 하나로 선포하고 세부사항을 구체적으로 추진하고 있다. 이 기관은 사회주의 중국의 특징인 정부 운영방식에 있어 정부의 주요 인사들이 그물망처럼 연결되어 관련기구들의 중책을 겸직하고 있으며, 활발한 디자인 관련 정보전달과 디자인 관점상 중국이라는 브랜드 역량을 높이고 정책 추진과정에서 시행착오를 줄이는 역할을 한다.

제3의 기관은 국가지적재산권국(國家知識産權局)이다. 이 기구는 중국이 WTO 가입 이후 독자적인 디자인 개발이 초미의 관심사인 가운데 관련 행사 때마다 고위직 담당자를 파견해 모든 디자인 개발과정에 지적재산권 보

---

1) http://chinadesign.cn/ CIDA 홈페이지 참고.

호를 강조함으로써, 중국 내 디자인기업과 제조 기업에게 디자인의 중요
성을 인식시키는 매우 중요한 역할을 담당하고 있다. 후자의 두 기관은
중국 정부의 공식적인 디자인 진흥정책을 좌우할 것으로 보이며, 향후
각 지방 자치단체의 정부기구들과 연대하여 디자인 정책과 사업 수준을
높여 나갈 것으로 보인다.

중국에서 디자인산업과 디자인 교육은 1980년대 이후 발전 중에 있으
나, 중국의 디자인산업은 다소 어려움에 직면해 있다. 다른 새로운 디자
인의 피채택자들과 같이 중화민국은 제품 질 자체보다 상품의 ALG가
외형에 보다 쉽게 동요된다. 디자인이란 개념은 질보다 양에 중심을 두
는 추세이다. 사실 중국 산업은 디자인의 역할을 상품의 약점을 감추는
것으로 본다는 믿을만한 이유가 있다. 디자인은 아직 포장에 관련된 것
으로 일부가 인식하고 있다.

그러나 중국 정부는 국가적 이미지에 대한 열쇠로 디자인에 대한 의식
의 향상을 위해 노력하고 있다. 중국 경제력은 정부가 디자인 개발 5개년
계획을 수립하게 하였다. 베이징디자인센터는 디자인 정책에 자극이 되
었다. 특히 2001년 China Red Star Design Award를 시행함으로써 중국의
디자인산업 발전을 진흥하고 중국 상품의 경쟁력이 강화되었다. China
Red Star Design Award은 2008년부터 2009년까지 6,967개의 상품을 접
수받아 1,323개의 상품을 선별하였다.

디자인은 중국의 새로운 발전 사업이다. 디자인 회사의 수는 사내 법
인 디자인 부서의 수보다 많다. 중국 학교는 실제 일자리 수요보다 많은
수의 디자이너를 배출하고 있다. 시장은 디자이너로 포화상태이다(이런
현상은 한국과 일본에서도 발생하는 것으로 세 나라의 청년 디자이너의 미래를 어둡
게 한다). 다른 한편, 디자인 일자리에 대한 경쟁은 중국 디자인의 품질을

향상시켰고 하이얼(Haier), 레노버(Lenovo), 하웨이(Huawei) 같은 국제적 회사가 성장하여 새로운 디자인학과 졸업생들에게 일자리를 제공해 줄 수 있다. 중국의 현재 디자인 정책의 핵심전략은 중국산에서 중국 디자인으로 국가 브랜드 이미지를 바꾸는 것이다.

## 2) 중국의 주요 디자인 정책

1979년 중국 중앙정부에서 "산업디자인"이 산업을 진흥시키고 경제를 발전시키는 중요한 수단이며 기업 및 국가의 경쟁력을 좌우하는 수단으로 인식하고 "중국 공업디자인협회"를 설립하였다. 중국의 국가경쟁력 강화를 위한 본격적인 국가 디자인 진흥활동을 전개한 것은 1990년대 중반 이후 시작하였다. 특히, 중국 전국의 25개 성에서는 지방정부와 민간기업의 지원 아래 자체적인 산업디자인 진흥기관을 세우고 각종 디자인전 및 전시, 디자이너 교육, 국제협력 등을 실시하고 있다.

2008년 베이징 올림픽과 2010년 상해 엑스포의 개최를 앞두고 중국 내 산업 및 환경 선진화 사업이 국가차원에서 활발하게 이루어졌으며 이를 기점으로 중국 산업디자인의 발전도 가속화될 것으로 전망하고 있다.

산업디자인 분야의 전문가들은 중국의 산업디자인 진흥의 의미로 일반적으로 산업디자인의 총체적 진흥에는 '사무직, 생산자, 학자, 연구자, 일반대중'을 포함한 것으로 인식한다. 여기에는 중요한 두 가지 조건이 있다.

> 1) 전반적인 디자인교육이 어느 정도의 적정수준으로 발전되어야만 사회적 요구에 부응하는 디자인에 대한 높은 수준의 디자이너가 길러질 수 있다. 훌륭한 디자이너는 사회발전과 더불어 디자인의 발전과 질적 향상을 가져올 수 있다. 또한 디자인에 대한 소비자의 니즈와

사회적 요구를 충족시키게 될 것이다.

2) 정부와 정부 기능을 대리하는 디자인 진흥기관은 정책가이드와 프로
젝트 조직, 적절한 단체, 기관, 협회 등을 만들어 활발히 활동한다.
이 또한 디자인을 빠른 속도로 발전시키기 위한 중요한 조건이다.

〈표 3-1〉 중국의 주요 산업디자인 정책2)

| 년 도 | 내 용 |
|---|---|
| 1987 | • 중국 산업미술협회가 중국 산업디자인협회 설립 |
| 1989 | • 전문 디자인 설계회사가 광조우 선전 등지에 출현 |
| 1994 | • 하이얼 등 중국기업이 전문 디자인회사나 해외 디자인부서를 설립 |
| 1995 | • 11월 23일 디자인 전문대학 첫 설립 |
| 1995 | • 베이징 디자인 추진센터(Beijing Industrial Design Center : BIDC) 설립 |
| 1999 | • 5월 5일, 광쪼우(广州) "제1회 산업디자인전시회"를 첫 주최 |
| 2004 | • 우시(无錫)시는 제1호 국가급 산업디자인 단지를 첫 건설 |
| 2004 | • 선전(深圳)시는 "디자인 도시"를 건설하기 위한 발전 목표를 제시함 |
| 2004 | • 국가 발전개혁 위원회, 베이징 중국 산업디자인협회가 "산업디자인산업 발전 정책(工業設計産業發展政策)" 초안 작성. 정책목표, 기술정책, 디자인 관련 기구 및 인재육성. 국제교류, 세제혜택 및 융자지원 등에 관한 내용 포함 |
| 2004 | • 5월 25일, 베이징에 디자인 도서관이 첫 설립 |
| 2005 | • 6월 30일, 베이징에 DRC 산업디자인 크리에이티브산업 단지가 설립 |
| 2006 | • 국가발전개혁위원회와 베이징 BIDC가 제1회 Red Star Design 상을 개최, 독창성 예술성, 실용성, 안정성, 친환경, 고품질 등을 기준으로 우수 디자인을 선정, 권위 있는 산업디자인상으로 손꼽힘 |
| 2007 | • 3월 발표된 "구무원의 서비스산업 발전에 대한 의견(國務院關于可快發展服務業的若干建議)國發(2007) 7호 문건"에서 산업디자인 육성책의 중요성과 지속적인 지원책을 재차 강조함, 현재 "산업 디자인산업 발전 정책(工業設計産業發展政策)" 수정 중임. |

중국 중소기업의 디자인 정책 지원은 다음과 같다.

---

2) 출처 : 신문보도를 기준으로 상하이무역관 자체 정리.

2006년 중국은 중소기업의 이익을 대변하는 중국 중소기업협회나 융자·보증기관이 없어 기업이 어려움을 겪게 되자 이러한 문제점을 해결하고자 하였다.

2008년 중국정부는 일부 산업을 대상으로 중소기업 세금환급을 확대하고, 은행들에게 중소기업 대출 확대를 지시하였다. 동시에 중소기업 대출을 전담하는 국가 중소기업은행을 설립하여 중소기업의 자금난을 해결하고자 하였다. 수출형 중소기업이 집중된 광동성 정부는 100억 위안을 출자하여 중국 최대의 중소기업 대출전문회사를 설립하였다. 저장(浙江)성은 민간 금융기구를 설립해 중소기업에 대출을 제공하였으며, 상하이(上海)도 주식과 증권 담보 대출상품을 선보이고 일부 기업에는 장려금까지 제공하였다.

2008년 9월 1일부터 전국적으로 개인사업체 관리비용과 무역시장 관리비용 징수를 중단하였다. 개인사업체 관리비용과 무역시장 관리비용은 무역시장 건설을 위해 1980년대부터 징수해 온 것이다, 이러한 관리비용 징수 중단은 개인사업체와 민영기업의 부담경감과 공평한 시장경쟁구도 형성, 공정한 행정관리 실현 및 개인사업체와 민영기업 등 비국유제 경제의 지속적인 발전에 유리할 것으로 전망된다.

2009년 5월 1일 차스닥이 출범하였는데 115개 기업이 상장신청서를 제출하고 연내 100여 개의 기업이 상장하였다. 차스닥 출범이 잠자고 있는 민간자본을 끌어넴으로써 경기회복과 융자난에 직면한 중국의 많은 중소기업에 또다른 자금루트를 제공해줄 것으로 기대하고 있다.

2009년 8월 31일 중국 과학기술부의 완강(万鋼)부장은 글로벌 경기침체의 영향을 극복하는 가장 효과적인 방법은 새로운 경제성장 엔진인 기술혁신의 가속화라고 말하였다. 그리고 혁신적 중소기업에 대한 지원 계획을 추가로 밝혔다. 과학기술부는 대학과 연구기관, 그리고 기업이 함께 R&D

에 참여하는 기술 플랫폼을 구축해 그 결과를 혁신지향 중소기업이 공유할
수 있도록 만들겠다고 강조하였다. 또한 국가자금으로 운영되는 중소기업
연구소와 기술센터도 설립하는 동시에 관련 부처와 협력하여 대학과 연구
기관에서 10만 명의 연구기술 인력을 중소기업에 지원하겠다고 밝혔다.

2009년 8월 19일 원자바오총리 주재로 열린 국무원 상무회의에서 '중소
기업 지원을 위한 6대 조치'를 발표하였는데 다음 <표 3-2>과 같다. 그리
고 2009년 9월 11일 중국 재정부는 중소기업 지원으로 예산에 35.1억 위
안을 배정하여 적극적인 지원 의사를 밝혔다.

〈표 3-2〉 중국정부 중소기업 지원정책 세부내용

| 자원정책 | 세부내용 |
|---|---|
| 정책 법률 체계를 개선하여 공정하고 공개적인 시장환경과 법률환경 조성 | 시장 진입장벽을 완화하고 정부구매를 통해 중소기업을 지원하는 구체적인 방안을 제정. 또한 2010년까지 경영난을 겪고 있는 중소 기업에 사회 보험료 납입기한을 연장해 주거나 보험료 비율을 인 하하는 등 혜택을 단계적으로 적용. |
| 중소기업의 자금난 해결 | 차스닥시장 정착을 가속화하고 중소기업 대출위험 보상펀드 설립 장려, 중소기업에 대출을 제공하는 금융기관에 보조금 지급, 중소 기업 단기융자채권 발행제도 확대, 중소기업대출 담보펀드 및 신 용담보기구를 설립 등을 통해 자금루트를 확대. |
| 중소기업의 재정지원 확대 | 중앙재정 예산에서 중소기업 지원 전문자금을 5억 원으로 확대하고 국가중소기업발전기금 설립해 민간자본의 중소기업 지원을 유도 |
| 중소기업의 기술진보 촉진 | 중앙재정 예산뿐만 아닌 지방정부에서도 전문예산을 배정하여 중소기 업 기술혁신을 지원. 대기업과 중소기업간 협력 장려. 중소기업의 R&D, 산업디자인 등의 생산활동과 관련된 서비스업, 소프트웨어개발, 인터 넷애니메이션 등 신흥산업 발전을 지원하는 등의 구체적 내용. |
| 중소기업의 농촌 및 해외시장 진출 | 조건에 부합하는 중소기업이 가전, 농기구, 자동차 사업에 적극 참여 하도록 장려하고 수출환급정책으로 중소기업의 해외시장 진출 지원. |
| 중소기업에 대한 서비스 개선 | 중소기업 지원기구를 육성하고 중소기업 공공서비스센터(플랫폼) 과 소기업 창업기지, 중소기업 정보서비스 네트워크 구축을 가속 화함. 또한 행정절차를 간소화함으로써 불필요한 비용부담을 줄이 고 신속한 서비스를 제공. |

## 3) 중국의 디자인 진흥 구조

최근 2년간 중국 전역에서는 디자인 진흥활동이 매우 활발하게 진행되었다. 강소(무석, 남경), 산동(기남, 청도), 광동(광주, 심천), 섬서(서안), 길림 등에서는 계속해서 새로운 스타일과 내용으로 디자인 진흥정책을 펼쳐왔다. 이러한 모든 활동들은 지방정부와 국가기획위원회, 경제무역위원회, 과학기술위원회 등으로부터 많은 지원을 받아왔다.3)

이러한 활동사항은 다음 내용과 같다.

> 1) 중국 전역 산업디자인 주간, 무석 국제 산업디자인 페스티벌, 북경 국제산업디자인 전람회.
> 2) 국제산업디자인-포럼, 디자인 교육에 관한 중국-미국공동회의.
> 3) 디자인공모전 : 중국 제품 혁신 디자인상, 특허품공모전, 전국 관광 기념품 디자인 공모전 등.
> 4) 여러 특화된 주제 하에 국제커뮤니케이션, 연수, 토론, 전시회 등.

중국의 사회적 경제성장과 더불어 디자인에 대한 요구가 계속 커져가고 있다. 각계각층의 정부 관련부서와 사회의 여러 관련기관들이 디자인 진흥 활동에 적극적으로 나서고 있다. 이러한 활동의 행정적 수준과 기준도 점차적으로 높아지고 있다. 이와 같이 중국에서 디자인 정책은 점점 인정을 받아가고 있다. 그러나 디자인의 발전현황은 중국의 개혁개방과 시장경쟁 제도의 발전에 여전히 기대에 부응하지 못하고 있다. 일부 대도시의 기업과 소비자들은 디자인 정책에 관심을 가지고 중요시하는 경향이 있으나 중국정부의 관계부서에서 그 중요성에 대한 인식이 여전히 미흡한 실정이다.

---

3) 한국 산업지원부, 「한국디자인의 중국 진출 연구」, 3(한국학총서 5), 한국디자인 진흥원, 2003, 40쪽.

중국의 이러한 기관들은 상호 협력 아래 사회적으로 산업디자인 발전 증
진을 위한 각자의 기능을 맡고 있다. 현재 이러한 진흥체계는 계속해서 제
모습을 갖춰가면서 중국 산업디자인의 발전을 위해 많은 기능을 하고 있다.
또한 디자인 진흥활동과는 구분되는 다음과 같은 부수적 활동들이 있다.

1) 베이징 디자인정보 웹사이트와 데이터베이스
2) 디자인서적과 잡지출판 (산업 디자인전문가와 출판사와의 협력)
3) 디자인 소프트웨어와 하드웨어를 발전시키고 대중화함
 예) RP(Rapid Produce)시스템 연구와 응용에 대한 국가적 지원

〈그림 3-1〉 중국 디자인 진흥 체계[4]

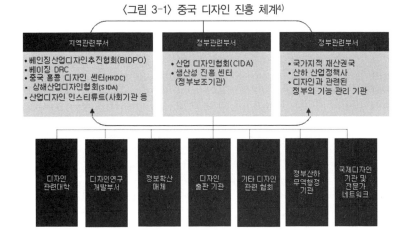

위의 내용은 최근 중국의 산업디자인 발전조건과 진흥정책에 관한 것
이다. 중국의 국내 발전정도는 전반적으로 잘 진행되고 있으나 산업디자
인은 여전히 초보적인 발전단계이며 선진국과 비교하면 현저히 차이가

---

4) 첸빙위, "중국 디자인 진흥 정책의 한계" ; 베이징산업디자인 진흥원장, "중국 산업디자
 인 진흥 정책의 현재", p.75.

난다. 중국의 디자인산업 중 제품산업 디자인분야는 취약하여 급속한 국가경제 발전에 따른 요구에 부응하지 못하고 있다. 이를 극복하기 위해서는 디자인 진흥정책에 대한 실제 성공사례를 통해서 지속적인 디자인 교육과 커뮤니케이션 협력관계를 유지해야 한다.

## 4) 디자인 진흥기관 운영 현황

중국 정부는 1979년 '중국공업디자인협회'를 설립하고 경제 발전의 도구로서 산업디자인 진흥활동을 전개하기 시작하였다. 그러나 국가디자인 진흥활동이 본격화된 것은 1990년대 중반 이후로 시장개방과 함께 국내 소비자의 디자인 인식이 높아지고 해외수출 또한 증가하면서 중국 정부도 국가 경쟁력강화를 위한 디자인산업 육성에 큰 관심을 보이고 있다. 특히 전국 25개 성에서는 정부와 민간기업의 지원 아래 자체적인 '산업디자인 진흥원'을 세우고 각종 디자인 공모전, 전시, 디자인 인재육성과 국제협력 등을 추진하고 있다.

따라서 중국 대도시를 중심으로 한 지방정부 차원의 디자인 진흥은 최근 활발하게 진행되고 있다. 베이징시에서는 1995년 과학기술위원회 산하에 베이징 산업디자인센터를 설립하였고, 2005년 6월에는 디자인자원센터(Design Resource Cooperation)를 세웠다. 그리고 2006년에는 국가발전개혁위원회와 BIDC가 중국 최초의 굿 디자인 상인 "Red Star Award"를 도입하였다.[5] 특히 1979년 설립된 중국 산업디자인협회는 국내 최대 디자인 전문협회로서 경제, 무역, 과학, 기술협회들과 폭넓은 교류를 하고

---

5) 제게시, (존 헤스케이), 1993년 분류한 국가 디자인 정책 유형에 저자가 통합형을 가미하여 재분류, 1993.

있다. 특히 각종 포럼 및 디자인 공모전 개최와 함께 '중국 산업디자인 주간'을 매년 주최함으로써 국내 디자인산업 발전에 기폭제 역할을 담당하고 있다. 중국 디자인 진흥기관의 변천사는 다음 <그림 3-2>와 같다.

<그림 3-2> 중국 정부의 디자인 진흥 부서의 변화 추이

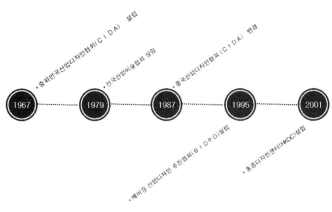

디자인 정책은 중국에서 점점 그 필요성을 인정받고 있으나 디자인의 발전현황은 중국의 개혁개방과 시장경쟁제도의 발전에 비해 늦다. 일부 대도시에서는 디자인 정책이 기업과 소비자에게 관심의 대상이지만 중국 정부의 관계부서의 디자인에 대한 중요성 인식의 부족으로 디자인 정책에 대한 지원이 미약하다. 중국의 대표적 디자인기관은 현재 대략 1,200개소에 달한다. 이 외에도 중국 전국에 여러 디자인기관들이 있다.6) 이와 같이 중국에는 다양한 모델의 디자인기관들이 있다. 중국정부의 공식적인 디자인 전담부서는 없지만 중국에서 공공성을 가진 기구로 디자인과 업무적으로 가장 큰 관련을 가진 네 기관이 있다.

---

6) 朱焘, "중국 산업디자인협회 이사장", "중국산업디자인협회 제3회 이사회 보고서".

첫째 기관으로는 중국 전체의 디자이너와 디자인회사 등을 회원으로
보유하고 있으며 전국에 걸쳐 다양한 디자인 활동을 주최하거나 후원하
고 있는 중국 산업디자인협회(CIDA)가 있다. 명목상으로는 전국적인 조
직을 갖춘 중국의 디자인 진흥기관이라고 볼 수 있다. 그러나 독자적인
예산이 적어서 네트워크와 정보교류 위주의 사업을 전개하고 있다. CIDA
의 주타오(朱焘) 이사장은 중국정부의 자산관리공사장관을 겸직해오면서
중국 디자이너들의 권익향상을 위한 정책개발과 기업의 디자인 인식 재
고를 위한 여론형성에 앞장서고 있다. 그는 2007년 5월에 개최된 양전
대회 기간 중에 원자바오 총리에게 보낸 특별서신 중에서 중국정부차원
의 디자인 진흥기관에 대한 설립과 적극적인 기업의 디자인 개발사업 등
을 제안함으로써 중국 정부의 본격적인 디자인 진흥사업 추진의 견인차
역할을 하고 있다.

둘째 기관으로는 중국 중앙정부기구인 국가발전 개획위원회 산하 산
업정책사(産業政策司)가 있다. 중국의 산업정책사는 디자인에 관련된 정부
정책을 활발히 진행하고 있으며 디자인에 있어서도 중국이라는 브랜드
이미지를 높이기 위한 정책 추진과정에서의 시행착오를 줄이는 역할을
하고 있다.

셋째 기관으로는 국가지적재산권국이 있다. 넷째 기관으로는 지역디자
인센터이다.

### (1) 중국 산업디자인협회(China Industrial Design Association : CIDA)

가. CIDA의 설립배경

중국 산업디자인협회(CIDA)는 1967년 국무부의 허가와 주정부의 승인
을 받아 법인으로 설립된 중국 최초의 산업디자인 진흥조직이다. 원래

1979년 8월 중국공산당 중앙위원회 이선염(李先念) 부주석의 지시로 전국 산업미술협회(The Whole Country Industrial Art Association)로 설립되었으나 1987년10월 국가과학위(현과기부)의 허가로 "중국 산업디자인협회"로 명칭을 바꾸었다. CIDA(산업디자인협회)는 민간협회지만 중국 디자인산업에 있어 매우 중추적인 역할을 것으로 예상된다. CIDA본부는 산업디자이너, 예술디자이너, 기업, 사회단체, 산업디자인이나, 예술디자인 근무자 학술사회 단체 등으로 운영되고 있다.

CIDA의 운영현황은 다음 <표 3-3>과 같다.

<표 3-3> 중국 CIDA의 운영 현황[7]

| 기 관 명 | 중국산업디자인협회China Industrial Design Association. : CIDA) |
|---|---|
| 설립년도 | 1979년 |
| 지 역 | 베이징 |
| 설립목표 | 중국경제 강화 및 사회진보의 중요성에 대한 전국의 산업디자인의 인식 재고와 수준 높은 산업디자인 학과체계를 확립하는 데 있다. 주요 목표는 상품개발 제안, 브랜드의 가치 경쟁을 명확하게 이해할 수 있도록 돕고 베이징 인재육성 촉진. 디자인의 산업화를 촉진하고 조정, 디자인 진흥 사업 등 목표 추진 등 |
| 성 격 | 중국 산업디자인 협회는 중국 최초의 산업디자인 진흥조직에 있다. |
| 운영계획 | 교육지원사업, 개발지원사업, 장비지원 사업, 기업서비스사업 등을 운영할 계획 |
| 부속시설 | 산업 디자인 분야 |
| 지 원 | 회원회비, 정부지원, 국내·외 기업단체와 개인지원, 프로젝트, 자금이익, 기타 |

나. CIDA의 목표

CIDA(중국산업디자인협회)는 설립된 산업디자인과 아트디자인 분야의 발전을 위해 구성된 전문적이며 학술적인 협회이다. CIDA(중국산업디자인협

---

7) 출처 : http://www.chinadesign.cn/intro.php, CIDA 웹사이트

회)의 설립목적은 중국의 경제강화 및 사회진보의 중요성에 대한 산업디
자인에 대한 인식 재고와 수준 높은 산업디자인 학과체계를 확립하는 데
에 있다. 특히 CIDA는 경제와 사회적 개발을 기반으로 디자인분야의 프
로모션, 디자인 비즈니스 창출, 디자이너 재교육, 디자인산업화 등을 토
대로 제품의 경쟁력을 향상시키고 디자인환경을 고려한 기업의 제품생
산 활동에 참여하고 있다.

중국산업디자인협회(CIDA)의 목표로는 국가 산업디자인과 디자인예술
의 발전 증진과 디자인의 산업화 가속을 위해 국가경제건설과 사회발전
을 도모하는 것이다. CIDA는 산업디자인 분야에서 첨단기술 결과물의
생산 과정에서 디자인을 반영하고 조직의 구조와 생산구조를 그에 걸맞
게 조정하는 데 주력하고 있다. 또한 기업과 제품의 경쟁력을 향상시키
고 경제발전과 더불어 지속가능한 사회를 이루는 데 궁극적인 목적을 두
고 있으며 삶의 질을 향상시키고 사회적 진보를 이루는 데 그 목표를 두
고 있다.

다. CIDA의 주요기능

중국산업디자인협회(CIDA)의 목표와 주요활동은 이론연구, 학술교류,
디자인 교육, 전시회, 공모전, 능력인증제, 전문적인교육 등 디자인산업
종사자들을 위하여 디자인산업과 관련된 다양한 서비스, 편집디자인, 국
제교류, 업무컨설팅, 디자인세미나 등을 개최하고 국내·외 관계기관과
의 교류 및 협력, 정책연구, 상품개발, 제안, 브랜드의 가치 등을 명확히
이해하도록 지원한다. 이외에도 베이징시의 인재육성, 디자인산업화 촉
진, 디자인 진흥사업 등을 목표로 추진하고 있다. 특히, 중국 산업디자인
협회는 디자인포럼 개최, 전시, 디자인 공모전과 더불어 중국 산업디자
인 주간을 운영한다.

⟨표 3-4⟩ CIDA의 개괄적인 내용

| 주요 영역 | 주요 기능 |
|---|---|
| 시설연구 | 디자인센터의 종합인프라 기능수행을 위하여 디자인계열 및 디자인관련 산업에 대한 정보제공과 공공지원을 중점적으로 수행 |
| 기업 육성지원 | 디자인개발 지원, 연계지원, 교육지원, 디자인정보 제공, 마케팅 제공 |
| 출판 및 홍보사업 | 잡지편집⟨Design⟩, ⟨디자인연감⟩, ⟨중국디자이너 추천⟩ 기타 http://www.cida.org.tw 웹 사이트 |
| 교육사업 | 디자인계 종사자 및 일반인의 디자인에 대한 전문능력 배양과 디자인의 생활을 위한 교육, 문화, 정보, 전시 등의 기능을 수행. |
| 국제교류 합력사업 | 디자인 관련회사 및 디자이너에게 쾌적한 디자인 환경을 제공하고, 집회 및 교류 공간 설치. |

라. CIDA의 주요성과

CIDA 건립 초기에는 협회가 적극적으로 중국에 있는 각 시의 지역 디자이너들을 연결하여 지역협회를 세우고 디자인지를 창간하는 등 전국에 산업디자인에 대한 홍보에 힘썼다. 그와 동시에 대만과 홍콩, 마카오의 디자인계와도 적극적인 교류를 하였다.

1995년 우한(武漢)시에서는 이러한 영향으로 대형 국제산업디자인 교류활동들이 이루어졌다. 베이징시 과학위원회와 연합회가 주최하는 "95 베이징 국제산업디자인 활동주간"의 성공은 산업디자인 리더들과 디자이너들에게 희망을 주고 디자인을 실현하는 중요한 계기가 되었다. 동시에 세계 최신의 디자인 이념과 디자인 동향을 파악하기 위해 국제전시회를 주최하고 외국 전문가들을 초청하여 교류회의를 개최하였다. 또한 해외에 디자이너들을 파견하여 십여 년 간의 연구를 통해 많은 경험을 쌓게 되었다.

〈표 3-5〉 CIDA의 주요성과[8]

| 시간 | 주요성과 |
|------|---------|
| 2004년 | <중국 디자인조직 및 디자이너 소개>출판 |
| 2006년 | 베이징 산업디자인 추진센터, 국무원 연구센터, 신경쟁 잡지사 제4회 "중국 창출디자인 레드스타상" 창립 |
| 2005-2009년 | 중국광화기술재단 "중국 디자인산업 십대 걸출한 청년" 활동 |
| 2006년 | <중국 산업디자인 연감> 출판 |
| 2007년 | 중국 광화기술재단 "중국 산업디자인 발전에 대한 자금" 설립 |
| 2008년 | 닝보(宁波)시정부 제회' 중국 산업디자인 주최 "국제 산업디자인 박람회" 개최 |

### (2) 산하 산업정책사(産業政策司)

중국의 베이징 동북쪽에 조성된 '따산즈 문화예술촌'에는 798갤러리가 있다. 이곳은 세계 각국의 디자이너와 예술가들이 갤러리에서 작품발표를 하고 있다. 중국 중앙정부기구인 국가발전 개획위원회 산하에는 산업정책사가 있다. 여기서는 디자인육성을 위한 각종 지원정책을 개발하고 연구하여 일을 추진하고 있다. 이 기관은 중국정부의 공식적인 디자인 담당부서로써 2006년에는 디자인을 중국정부가 향후 추진할 15대 성장 동력산업의 하나로 선포하고 이를 구체적으로 추진 중이다. 중국의 산업정책사는 디자인에 관련된 정부정책을 활발히 진행하고 있으며, 디자인에 있어서도 중국이라는 브랜드이미지를 높이기 위한 정책 추진과정에서 시행착오를 줄이는 역할을 하고 있다.

---

8) 출처 : http://www.chinadesign.cn/intro.php, CIDA 웹사이트

(3) 국가지적재산권국(State Intellectual Propeaty Office of PRC : SIPO)

국가지적재산권국은 중국이 WTO 가입 이후 독자적인 디자인 개발이 관심사인 가운데 디자인에 관련된 행사시 고위직 담당자를 파견함으로써 모든 디자인 개발과정에 지적 재산권보호를 강조하고 있다. 국가지적재산권국은 중국 내의 디자인기업과 제조 기업에서 공식적인 디자인 진흥정책을 좌우할 것으로 보고 있다. 이러한 기관들은 향후 중국의 각 지방 자치단체의 정부기구들과 연계하여 디자인 정책과 디자인사업의 수준을 높여 나갈 것이다.

(4) 베이징 산업디자인센터(Beijing Industrial Design Center : BIDC)

〈표 3-6〉 BIDC의 개괄적인 내용9)

| 기관명 | 베이징산업디자인센터(BIDC) |
|---|---|
| 설립년도 | 1995년6월 |
| 지 역 | 베이징 |
| 설립목표 | 구조 개혁의 이유는 전반적인 중국 베이징 경제에 활력을 불어넣기 위해서는 베이징 디자인 추진의 패러다임도 달라져야 한다는 것이었다. 중국 디자인 능력의 증진, 북경 디자인의 세계화, 제품 이미지와 기업 이미지는 물론 국가 이미지의 제고 등을 들 수 있다. |
| 지원면적 | 지방 디자인 권역 |
| 부속기관 | 베이징시 과학기술위원회 |
| 주요영역 | 학술교류, 홍보, 교육훈련, 전시공모전, 국제합작, 디자인시범, 프로젝트 연구, 컨설팅, 정책제안, 서비스 활동 |

가. BIDC의 설립배경

베이징은 중국의 디자인산업 발전이 제일 발달한 지역이다. 베이징시 과학위 주임 쩌우쭈화(鄒祖華) 주임이 1992년 산업과학기술회의에 베이징

---

9) 출처 : http://www.beijingdesign.com/13.htm, BIDPO 홈페이지.

에서 전문적인 산업디자인을 위한 진흥하는 조직을 세워야 한다고 지시
했다. 그에 따른 1994년 "제1기 베이징시 인민정부 산업디자인고문진"
이 형성되었다. 그 후 베이징산업디자인 진흥센터, 베이징 산업디자인
진흥원, 산업디자인 연구실 등이 설립되었다.

베이징산업디자인진흥원(北京工業設計促進中心)은 1995년 6월에 정식 건립
되었다.[10] 산업디자인의 육성과 창의적 디자인사업 개발을 지원하는 목
적을 가지고 있다. 국제산업디자인단체협의회(ICSID)와 국제그래픽디자인
협의회(ICOGRADA)의 회원인 베이징산업디자인센터는 디자인산업 정책연
구 및 계획, 디자인 컨설팅 서비스, 디자인계의 정보 제공, 디자인산업체
가 기획한 계획의 실행, 디자인 포럼, 전시, 교육 등을 통한 기업과의 디
자인 협력 체계 구축 등 다양한 활동을 하고 있다.

업무 주관기관은 베이징시 과학기술위원회의 부속기관이고 진흥회는
중국산업디자인협회의 단체회원이다. 그리고 조직 구조는 일본의 산업디
자인 진흥회를 따라 조직 구조를 만들었다. 지금 베이징산업디자인 진흥
의 활동들은 전반적으로 모든 측면에서 디자인 진흥이 되어가고 있다.

중국의 진흥기관으로는 중국 산업디자인 협회와 베이징지역의 진흥기
관인 베이징디자인 진흥원이 있다. 베이징시의 167개 기업을 대상으로
실시한 "산업디자인의 인식조사"에 따르면 단지 30%의 기업만이 "산업
디자인"이라는 분야에 대한 이해와 개념을 제대로 파악하고 있는 것으로
조사되었다. 베이징시 산업디자인 진흥구조는 다음 <그림 3-3>과 같다.

---

10) http://www.beijingdesign.com/.

〈그림 3-3〉 베이징시 산업디자인 진흥구도[11]

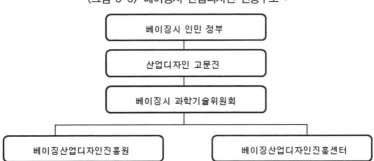

나. BIDC의 주요 기능

BIDC협회는 중국의 우수 디자인선정기관 중 하나이다. 정부 주도의 산업디자인추진협회에 대한 대대적인 구조개편이 이루어졌다. 구조 개혁의 이유는 중국 베이징 경제에 활력을 불어넣기 위해서는 베이징 디자인 추진의 패러다임도 달라져야 한다는 것이었고 그 업무도 확대되었다. BIDC협회의 개괄적인 내용은 다음 〈표 3-7〉과 같다.

〈표 3-7〉 BIDC의 주요 기능

| 주요영역 | 주요기능 |
|---|---|
| 디자인 연구 | · 디자인산업에 대한 과학적인 조사와 연구<br>· 산업디자인 발전과 트렌드에 관한 조사연구<br>· 디자인산업 정책제공 및 조사 연구 |
| 프로젝트 관리 | · 정부의 기술 강화 지원 사업 & 기업디자인 혁신, 지도, 평가, 기금 활동 등 추진사업 |
| 기업 컨설팅 | · 디자인전문 컨설팅 조직, 기업의 연구개발, 디자인, 생산, 포장 등에 관한 문제, 기업의 제품개발과 판매, 협조, 기업의 활동에 대한 디자이너의 자문역할, 고문 등 서비스 제공 |
| 홍보 | · '디자인 창조력'-BIDC 웹사이트 |

---

11) 출처 : http://www.beijingdesign.com/13.htm, BIDPO 홈페이지.

| 주요영역 | 주요기능 |
|---|---|
| 국제 협력 | · 국외 디자인단체와 기관의 베이징 교류추진<br>· 국내 디자인기구 조직, 디자인인재 교육 양성, 방문, 프로젝트 등 추진<br>· 국제디자인 비즈니스 창출지원 사업<br>· 국제 우수 산업디자이너를 초빙하여 정부와 기업 컨설팅에 참여.<br>· 국내외 디자인 기관과 국외기관의 투자와 합자 추진 |
| 전시 | · 매년 5월 베이징과학박람회에서 "국제디자인전시" 개최<br>· 매년 11월 베이징문화박람회에서 "과학 문화 창의전" 등 대형 디자인 전시 활동 |
| 디자인<br>교육 | · 국내외 우수디자인기관, 학교, 기업과 연합하여 디자인전공학생에게 실습 교육 기회를 제공하고 졸업생에게 재취업교육을 제공<br>· 기업에 디자이너를 파견하고 디자인관리와 교육 제공<br>· 가정주부에게 수공예 기술 교육 |
| 산 업 | · 정부 협조하에 조건을 갖춘 지역에 공통기술과 과학기술 환경을 건설하여 디자인 창의 산업단지 조성<br>· 창의, 기술, 서비스 자원 등의 집약을 통해 디자인기구와 디자이너가 창업할 수 있는 환경 제공 |
| 공모전 | · 매년 한 차례 "중국 레드스타 디자인 어워드(China Red-Star Design Award)상" 제정 |

BIDC협회의 주요 업무는 회사 내의 디자인에 대한 지식과 인식을 높이고, 국제교류를 통해 외국의 선진 디자인 기술을 수용하고 디자인 성공사례 안내와 출판 등을 담당하고 있다. 그리고 정부뿐만 아니라 디자인과 관계되는 일들을 조직하는 것이다. 이러한 활동 중 가장 중요한 기능은 중국 기업들의 디자인 능력 향상이다.

BIDC협회는 현재 아시아를 비롯한 유럽, 미국, 호주 등 세계 각국의 20여 개 지역과 광범위한 디자인 교류를 하고 있다. 그리고 국내 30여 개 시(성) 및 북경지역 디자인기구, 기업, 대학 및 수백 명의 디자인 전문가와 디자이너들이 네트워크를 형성하고 있다.

BIDC의 목적은 산업디자인에 연관된 모든 사람들, 조직, 전문가들 그리고 대중들에게 디자인의 저변 확대를 통하여 디자인 활용을 증진시키

고 시의 경제번영과 사회발전을 도모함과 동시에 기업 디자인팀의 혁신
능력을 향상시키는데 그 목적이 있다. BIDC는 베이징 산업디자인 기업
의 번영을 꾀하고 디자인산업의 증진을 지원하며 디자이너와 전문가들
에게 서비스를 제공한다. 이와 함께 베이징시 정부의 유용한 보조자로써
시정부가 요구하는 서비스를 제공하는 것도 포함한다.

다. BIDC의 주요성과

BIDC는 디자인에 대한 인식을 높여주고, 국제 교류를 통해 다른 나라
의 선진 디자인 기술을 도입해 소개한다. 또한 출판 정보뿐만 아니라 디
자인 연관업무의 조직화 등 중국 회사들의 디자인 능력을 향상시키는 일
이다.

- 디자인과 관련된 학문의 교류와 새로운 아이디어를 통해 디자인의
  학문적 수준을 향상시킨다.
- 산업디자인에 관한 아이디어와 기법들을 홍보하고 디자인지식을 대중
  화시켜 디자인의 활용을 용이하게 한다. 그리고 디자인정보 네트워크
  를 조직하고 디자인정보 출판물을 만들기 위한 출판사업을 진행한다.
- 디자인교육제도의 증진을 도모하기 위해 많은 형태와 다양한 체계의
  교육훈련을 실시한다.
- 국제적 교류와 협력을 통해 외국의 산업디자이너, 교수, 전문가들과
  돈독한 교류를 유지한다.
- 산업디자인전시 활동을 계획하고 촉진시키기 위한 정부활동을 보조
  한다.
- 산업디자인에 관련된 연구리서치를 구성하고 실행한다.
- 디자인 평가와 함께 컨설팅을 한다.
- 산업디자인 진흥을 위한 정부의 권한을 지원하고 디자인 정책과 법
  률제정의 공식화에 적극적으로 관여한다.
- 산업디자이너와 전문가들에게 다양한 서비스를 제공한다.

BIDC의 주요성과는 정리하면 다음 <표 3-8>과 같다.

〈표 3-8〉 BIDC 주요 성과

| 시간 | 주요 성과 |
|---|---|
| 1995 | • 베이징 산업디자인 추진센터 설립<br>• 1995년 베이징산업디자인 행사 주간에 미국, 영국, 독일, 일본, 뉴질랜드 등 6개 나라 디자인 전문가를 초청하여 <국제디자인 트렌드>를 주제로 세미나 진행<br>• <트렌드> 창간 |
| 1996 | • "치과 종합의료기기" 등 50개 산업디자인 시범항목 실시<br>• 96년 BIDPO와 일본디자인학회 공동으로 "중일국제 산업디자인 학술 세미나" 개최<br>• 96년 이래 기존의 경공업, 공예미술, 전자, 계기, 의약, 기계 등 업종 25개 시범 업무 항목을 9~10항목으로 조정<br>• 96년 베이징 우수 산업디자인 공모전 |
| 1997 | • "중국예술디자인-중국현대예술디자인공모전" 개최<br>• 렌샹그룹과 합자하여 "톈친", "톈펑", "원톈" 등 가정용 컴퓨터를 디자인하여 홍콩 국제 산업디자인 대상 수상 |
| 1998 | • 홍콩 "국제산업디자인 세미나" 개최<br>• "도시 정보화 검사기" 등 정부프로젝트 실시<br>• 98년 "서방 선진국 산업디자인 세미나"에서 디자인 촉진, 최신디자인 성과, 디자인회사, 기업디자인 관리 등 문제에 관한 토론 |
| 1999 | • 중화인민공화국 건국 50주년 축하 활동의 창의, 디자인, 제작과 조직 사업진행 |
| 2000 | • 중국에서 첫 번째의 "혁신디자인기업"를 창립하여 디자인 교육기구 30개 양성 |
| 2001 | • 과학기술 성과를 "웬더 생의학기술 열치료기"의 산업디자인에 응용하여 당 해 시장에서 1.5억 위엔의 수입을 창출 |
| 2002 | • 과학박람회에서 거행하는 "베이징 국제 디자인 공모전"에 연속 5년 출품<br>• "전후 50년 이탈리아 디자인 우수상품 전람회" 주관 |
| 2003 | • "중영 산업디자인 발전 세미나" 개최 |
| 2004 | • 한국디자인 진흥원과 주관하여 "중한 디자인세미나", "한국디자인(베이징)전시" 등 중한 디자인 교류 촉진 |
| 2005 | • 베이징 DRC산업디자인 창의 산업기지를 설립하여 베이징 10대 문화 창의 산업단지 조성<br>• "디자이너 양성"을 시행하여 40여 개 교육 훈련 전문대학을 기지로 삼음 |

| 시간 | 주요 성과 |
|---|---|
| 2006 | • 중국 산업디자인 대회인 "중국 우수 레드스타 디자인어워드(China Red-Star Design Award)" 창립<br>• 중국 베이징 문화박람회에서 "디자인 창의전" 주관 |
| 2007 | • 2009년 중앙미술대학교와 연합하여 베이징디자인 대회를 성공리에 개최<br>• 국제 평면 디자인협회 연합회(ICOGRADA)와 국제산업디자인협회 연합회(ICSID)의 정식회원이 됨 |
| 2008 | • 올림픽성화 계획 수립 세미나 주관<br>• 제29회 올림픽조직위 과학기술위원회와 공동으로 "과학기술 올림픽과 산업디자인" 국제 세미나 개최<br>• 베이징시정부를 대표하여 "2008 서울디자인올림픽 대회" 참가 |
| 2009 | • 정부 시행의 "디자인혁신 발전계획"에서 기업과 디자인기구의 혁신프로그램에 자금지원<br>• 이탈리아 밀라노 "중국 디자인교역 시장" 시행<br>• 중앙미술대학과 "2009 세계디자인 대회" 공동주관<br>• 상무부의 중국 서비스 무역대회에서 "중국 디자인 교류시장" 주관 |
| 2010 | • 베이징 과학기술위원 및 시정부를 주최 : DRC 프로젝트, 2,000만 원 자금지원 |

라. BIDC의 주요정책

① 기업 디자인 혁신을 위한 정책 대안(DRC) 2006년 1월

2006년에는 디자인지원(Design Resource Cooperation)을 위한 베이징시의 정부정책 대안으로 베이징시에서는 과학위원회를 비롯한 기업과 디자인 기관을 대상으로 수도 베이징의 특징과 기능, 설립이념 등을 포함한 종합적인 디자인 진흥사업을 확대하고 있다. 특히 선진국의 디자인상품 선정제도를 도입하여 2006년 중국 레드스타 디자인 선정제(China Rad Star Design AWARD)가 성공적인 시행으로 평가를 받았으며, 향후 중국 내의 각 지방정부에도 많은 영향을 끼칠 것으로 예상된다.

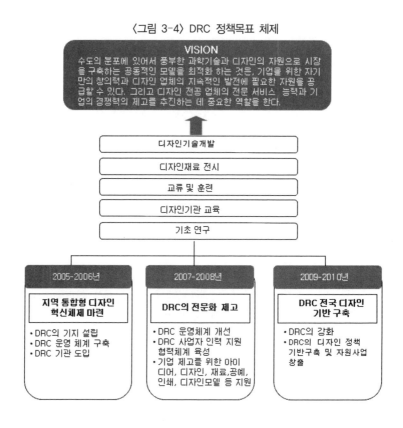

〈그림 3-4〉 DRC 정책목표 체제

② 디자인혁신을 상승시키기 위한 계획(2007-2008)

중국의 베이징시에서는 기업의 자주적인 창출능력을 촉진시키기 위한 디자인혁신 계획을 세웠다. 베이징시의 첨단산업지구를 고급화하고 발전시키기 위하여 베이징시의 과학위원회는 디자인혁신을 상승시키기 위한 계획을 만들었다. 디자인혁신을 상승시키기 위한 계획에는 전자정보, 교통설비, 첨단장비, 도시형 산업 등을 포함한 베이징시의 종합발전을 지지하기 위한 기업들이 선정되었다.

디자인혁신을 상승시키기 위한 계획으로 첫 번째, 기업과 디자인기관이 연계한 디자인 연결 시범사업을 실시하였다. 두 번째, 기업디자인에 대한 진단사업을 실시하여 기업의 제품디자인 요구하였다. 기업과 디자인기관이 연계한 디자인 시범사업의 촉진 방안을 강구하고 디자인기관이 기업을 분석하고 문제점에 대한 해결방안을 제시하였다. 그리고 각 대학의 디자인 교수와 기업이 연합하여 제품디자인 개발을 위한 시스템을 구축하였다.

디자인혁신을 상승시키기 위한 계획에는 디자인시장의 경쟁력 촉진과 중국 및 해외의 디자인기관과 대학, 디자이너, 기업 등이 연합하여 베이징시의 독창적인 문화산업을 발전시키고 촉진시킨다.[12]

### (5) 중국·홍콩 디자인센터(Hong Kong Design Center : HKDC)

가. HKDC의 설립 배경

홍콩디자인센터(HKDC)는 2001년 홍콩 특별행정 자치구(HKSAR)의 전폭적 지지와 홍콩경마클럽 자선기금(The Hong Kong Jockey Club Charities Trust)의 혁신자금 지원으로 홍콩 디자인단체 연맹에 의해 설립된 비영리단체이다. 설립된 연맹의 멤버는 아래와 같다.

홍콩디자인센터는 홍콩아일랜드 케네디 28번가에 있는 오래되고 역사적인 건물에 위치해 있다. 이것은 역사적 유산과 현대적 디자인이 함께 화합한 완벽한 예이다. 1997년 홍콩 이양 이후 합동연락사무소로 이용되었으며, 1905년 Banque De L'Indo Chine가 최초로 소유했던 건물은 1931년 이후 일본거주민 협회 건물로 사용되다 1954년 홍콩정부로 다시 이양되었던 역사를 가지고 있다. 1947년부터 1989년 사이에는 다양한 교육기관이 사용했었다. 건물의 외부모습은 식민지 스타일의 건축양식을 계속 유지하고

---

12) 市科委, "關于申報北京市設計創新提升計劃", 2007.

있다. 그러나 내부시설은 시대에 걸맞은 최첨단 설비들을 갖추고 있다. 센터 내의 갤러리와 회의실들은 디자인 커뮤니티의 중심지로 활용되고 있다.

나. HKDC의 주요 기능

홍콩디자인센터는 디자인의 활용을 증진시키는 이벤트를 활성화하고 있다. 홍콩에서는 제일 처음으로 설립된 디자인센터로서 디자이너들의 소속감을 고취시키고 아이디어가 통합된 플랫폼을 제공하며 지식과 정보들을 공유한다.

〈표 3-9〉 HKDC의 주요성과

| 주요기능 | HKDC의 성과 |
|---|---|
| 디자인<br>비즈니스 주간 | • 문화와 경제성장에서 디자인의 역할을 알아보고 논의하는 자리로써 정부와 산업계, 학계 등 여러 분야의 전문가들이 모임 |
| 교육 훈련 | • Product Design conference<br>• Jewellery Design Symposium<br>• Product Design Workshop<br>• Jewellery Design workshop |
| 세미나 | • OEM to Brand : Managing Product Innovation in 21st Century<br>• Finnish Design 125 Seminar<br>• Strategy Design from B2B to B2C to B2P<br>• Design for success<br>• Finding the Future first : Strategic Design and Innovation<br>• Shaping the Future Design for Hong Kong |
| 전시회 | • Fashion Art of Korea (7.2~7.11)<br>• Inside Chic by Andre Putman (5.10~6.6)<br>• Finnish Design 125 (4.5~4.21) |
| 서비스 | • 디자인 리서치<br>• 디자인 정보 축적<br>• Good Design Mark<br>• China Business for Designers manual |

| 주요기능 | HKDC의 성과 |
|---|---|
| 조직 | • Executive Director / Deputy Executive Director<br>• Graphic Designer<br>• Secretary<br>• Project Executive<br>• Accounts Clerk<br>• Receptionist |
| 멤버쉽<br>(Friend of HKDC) | • 원하는 조건의 적절한 디자인 전문기업을 찾을 수 있다.<br>• 디자인이 어떻게 기업의 이미지를 개선시키고 제품의 품질을 향상시키며 많은 이익으로 연결되는가를 발견할 수 있다.<br>• 디자인 트렌드와 정보가 제공된다.<br>• 중소기업 운영자들을 위한 이벤트와 활동들에 참가할 수 있다.<br>• 디자인센터의 시설들을 이용할 수 있다.<br>• 개인 회원의 특전<br>• 디자인 개발에 대한 지식을 전문가들로부터 얻을 수 있다.<br>• 성공적인 디자인 활동을 위한 방법을 찾는다.<br>• 디자인 트렌드와 정보가 제공된다.<br>• 워크숍과 세미나에 참가할 수 있다.<br>• 디자인센터의 시설들을 이용할 수 있다. |
| 패트론 & 스폰서<br>프로그램 | • 법인 패트론 : 법인과 개인을 위한 최고의 프로그램으로 홍콩디자인센터의 몇몇 특권을 누릴 수 있다. 수용 가능한 최대 회원은 연간 10개이다.<br>• 법인 스폰서 : 홍콩 디자인을 지원하고 홍콩디자인센터를 이용하길 원하는 기업과 개인들을 위한 한정된 프로그램이다. |

## (6) 상해산업디자인협회(Shanghai Industrial Design Association : SIDA)

〈표 3-10〉 상하이 SIDA의 개괄 내용

| 기 관 명 | 상해산업디자인협회(Shanghai Industrial Design Association : SIDA) |
|---|---|
| 설립년도 | 1993년 3월 |
| 지 역 | 상해 |
| 설립목표 | 국제 비즈니스 디자인 증진과 상해 기업의 강력한 경제성장에 힘입어 국제적인 디자인산업화, 국제 디자인 교류를 점차적으로 확대 |
| 주요활동 | 학술교류, 홍보, 교육훈련, 전시공모전, 국제합작, 디자인범, 프로젝트 연구, 컨설팅, 정책제안, 서비스 활동 |
| 지금 지원 | 정부, 기업 |
| 부속 기관 | 경제부 |

상해 산업디자인 진흥원은 1993년 3월 3일에 설립되었다. 그 이후 6년 동안 증가된 회원단체가 255개이며 회원은 603명이 소속되어 있다. 상해 산업디자인 진흥원은 상해 경재부의 지지를 얻어, 상해 공업시스템을 모체로 하며, 전체 시의 산업 디자인 민간단체까지 그 범위를 확대해 나가고 있다.

상해는 국제 비즈니스 디자인 증진과 상해기업의 강력한 경제성장에 힘입어 국제적인 디자인산업화와 국제 디자인교류를 점차적으로 확대되어 왔다. 이러한 디자인의 산업화 추세는 산업디자인의 개발을 위한 지침이 될 것이다.

## 2. 산업체

### 1) 중국 디자인산업 현황

세계 각 국가와 비교하면 중국 디자인산업의 역사는 훨씬 짧다. 1995년 이후 중국 디자인 컨설턴트사의 90%가 설립되었다. 하지만 중국의 다른 분야와 같이 디자인산업은 매우 빠르게 발전하였다. 중국의 디자인 역량은 1990년대 수출지향 경제정책으로 재고되었다. OEM은 다양한 상품 유형을 유통 채널에 공급하는 스타일로, 신속하게 상품 재포장을 원하는 수요자의 욕구에 부합하기 위한 새로운 디자인을 찾기 시작했다. 그 당시 디자인의 영역은 상품형태 만들기나 스타일링에만 제한되어 있었다. 새로운 디자인의 수요에 대한 중국의 디자인은 연구, 기획, 개혁 면에서 현저히 수용할 수 없는 실정이었다. 반면에 중국의 상품 스케치와 연출 기술은 아주 정교하고 비용이 효율적이었다. 특히 법적 제한이 없을 경우 외부 디자인의 모방 패턴이 급속히 증가하였다. 동시에 중국의 디자인산업은 현지화가 강조된 독특한 상품 콘텐츠를 개발하여 디자인 연출과 공학으로부터 제조업과 급속한 상품개발까지 원스톱 쇼핑 서비스를 제공하였다.

중국은 디자인 수요가 급격히 증가하여 디자인 비즈니스가 확대되었다. 반면에 여러 분야의 발전이 디자인 비즈니스 확대추세에 미치지 못하였으며, 그 격차가 점차 증대하였다. 이러한 정황은 디자인 인프라 부족과 무료제공, 소비자 확보를 위한 가격할인 등으로 입증된다.

다른 한편, 중국의 디자인 수요가 증가하는 반면 디자인 발전역사가 단기간으로 디자이너가 부족하게 되었다(1998년 이후 학위기에 미술과 공예 대신 미술과 디자인이란 용어가 사용되었다). 중국은 지난 20년 동안 디자인 교육의 개발에 상당한 투자를 하였다. 1980년대 디자인 학교 수가 40개 소였고 현재는 400개 소가 넘는다. 그 학교에서 매년 수천 명의 졸업생이 배출된다. 산업 디자인 과목은 고등교육 위원회에 등록한 수백 개 과목중 상위 10위권에 든다. 사실상, 디자인 전공학생은 학위를 받기 위해 공부한다 할지라도 디자인산업의 핵심 인재에 속한다.

중국은 1970년대부터 유럽과 미국, 일본 등 국가로부터 디자인 개념을 도입하기 시작하였고 1980년대에는 OEM(Original Equipment Manufacturing)이 유행 되었다. 그 당시에 많은 세계적인 최고급 브랜드 제품은 모두 중국에서 가공, 제조된 후 다시 독일, 미국, 일본 등 국가로 수출되었다. 수입국들의 제품 품질에 대한 높은 요구로 인해 중국의 제조기술이 비약적인 발전을 하였을 뿐 아니라 중, 소기업들도 이러한 기회로 전 세계의 많은 기업과 접촉을 가지게 되었다. 하지만 OEM은 점점 쇠퇴해져 갔다. 즉 중국의 기업들은 비록 고품질의 상품을 생산할 수 있지만 상표의 소유권이 외국 기업들에게 있으므로 중국 기업들이 이윤을 재고하는 데 더

효과적인 방법이 없었다.

중국의 대표적인 경제학자 랑시엔핑(郎咸平)의 "6+1이론"에서는 "현재 제조기업이 차지하는 비중은 1할이고 나머지 6할을 글로벌 유통업체, 마케팅업체, 공급업체가 차지하고 있다," 6할의 범위에는 실질적으로 구매, 디자인, 브랜드, 유통 등이 포함되어 있다. 하지만 제조에 해당되는 1할은 가치체인에서 비중은 너무 낮다고 설명한다.

중국 디자인산업 전문가는 디자인의 혁신을 통해 제조업자의 경쟁력을 키울 수 있도록 정부의 지원이 절실히 필요하다. 중국 산업디자인 협회장인 Zhu Tao는 중국 경제는 세계경제 위기로 인해 공장 폐쇄와 강제 휴업 등 위기를 겪고 있다고 말했다. 자체 디자인이 없다면 우리의 브랜드는 만들 수 없을 것이다. 중국 자체의 브랜드가 없다면 중국은 세계에서 독자적으로 설 수 없다. OEM(상표 부착 생산방식으로 계약내용에 의하여 상대편 상표를 붙인 부품이나 완제품을 제조 공급하는 일종의 하청 생산방식 : Original Equipment Manufacturer)은 탈출구가 아니다.

또한 유엔 산업개발기구(UNIDO)는 2010년 국제산업통계 연감을 통해 중국 상위 10대 제조업 국가에 올랐다. 2009년 중국의 제조업은 15.6% 이상 상승한 것으로 나타났다.

이러한 시대적, 사회적 배경으로 2010년 중국 전문가들은 자주적 디자인을 강조하는 ODM(Original Design Manufacturing)이라는 개념을 제시하였다. 즉 지금까지 외국 기업에서 디자인한 상품을 가공해 주는 단계에서 점차 중국 스스로 디자인한 상품을 개발하는 단계로 올라가야 된다는 관점이다.

뿐만 아니라 OEM과 ODM의 비교를 통하여 중국 OBM(Original Brand Manufacturing), 즉 자체 브랜드의 창안이 제시되었다.

## (1) 중국 디자인산업의 변화

1980년대부터 1990년까지는 수출 기술과 상품의 시대이며 기업은 자본을 축적하기 위해 노력하였다. 기술력 해결과 모방생산을 위해 디자인을 이용하던 이 시대에는 제조 산업을 위해 기술을 수입하고 기획경제를 거쳐 마케팅 경제로 전환됨에 따라 외국 기업제품의 브랜드가 중국으로 진출하게 된다. 그 사례로 CangHong TV[13]와 Wanbao[14] 냉장고 등이 있다.

1990년부터 2000년까지는 브랜드 창출이 시작된 시기로 브랜드 확립과 법인 이미지를 지향하는 디자인의 시대로 접어들게 되었다. 이러한 사례로 APOLLO,[15] ShanShan[16]가 있으며, 마케팅 경제가 확대되고 수요가 다양해졌다.

2000년부터 2005년까지는 많은 기업들이 디자인과 연구 센터를 설립하게 된다. 사용자는 차별화된 디자인 전략을 필요로 하게 되며(예를 들어 Haier,[17] Lenovo[18]), 핵심 브랜드와 시장 점유율이 확보되고 디자인산업이 더욱 활성화 된다.

2005년부터 2010년 이후는 혁신과 글로벌 디자인 수상에 의해 디자인이 새로운 시기에 접어든다. 브랜드, 혁신, 새로운 기업모형 등이 디자인 전략으로 통합되며, 예를 들어 Roewe[19]와 Herborist[20]의 국내외 합병

---

13) Changhong, 중국 소비자가 선호하는 10대 액정 평면TV 브랜드 1.
14) 중국 최초의 전자산업.
15) 태양신(APOLL) : 중국 건강식품 시장은 최대의 호황을 맞이했다.
16) 중국 의류 브랜드.
17) 중국 최대의 가전제품 생산회사.
18) 레노버는 고객을 위해 우수한 PC를 제작하는 신세계 회사가 되고자 노력하고 있습니다. 저희는 글로벌 팀 전체의 혁신 능력을 활용할 수 있는 월드 소싱을 이용해 사무실 벽이나 조직 체계에 구애받지 않는 자유로운 회사를 운영하고 있습니다. 고객의 필요에 맞는 혁신적이고 흥미로운 제품과 서비스를 설계합니다.
19) 상하이차의 ROEWE(榮威)는 자체브랜드를 각기 독립적으로 운영할 예정임.

과 협력 사업이 증가하고 다국적 기업이 세계시장에서 늘어나게 된다. 이상 내용 정리하면 다음 <그림 3-5>와 같다.

<그림 3-5> 중국 디자인산업 변화 과정

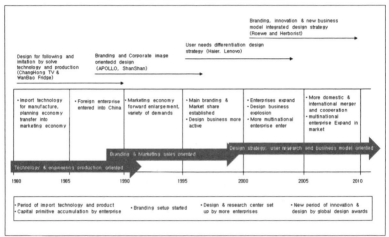

(2) 중국 디자인산업 전략 과정

디자인이 제조와 생산에 주로 사용되던 이 시기에는 OEM 모형이 집약적인 노동 생산에 초점을 두었으며 OEM은 신기술 기준을 개발하기 위해 동화된 기술과 생산으로 변화를 겪게 된다.

이렇게 브랜드 확립과 시장 확대를 위한 상품 개발 시기에는 대량생산과 저급 시장전략을 따르게 된다. Chery(奇瑞)[21]는 GM 스파크 디자인을 따라 QQ라는 자동차를 성공적으로 출시하여 2008년 133,387대가 팔렸다.

---

20) Herborist(佰草集), 중국 천연 화장품 브랜드로 중국 내에서 인지도가 제일 높은 브랜드. 천연화장품 브랜드 인지도 조사를 했을 때 10위권에 든 유일한 중국 화장품.
21) 중국의 대표적인 자동차 브랜드.

기업은 마케팅과 브랜드 혁신을 위해 국제적으로 디자인 협력을 하였다. 집약적이고 동화된 수입기술을 통해 China High Speed Express(중국 고속 버스) 고속 열차 기술과 국제적인 협력을 통하여 자체 시스템을 개발하였다. 디자인은 관련 기업이 폭발적으로 증가하여 다국적 기업의 시대의 핵심적 가치로 인정받게 된다.

각 기업들은 글로벌 전략과 국제적인 네트워크 협력을 통해 통합된 디자인 경영을 실시하였다. 이 시기에는 독자적 기술개발을 통하여 BYD[22]는 자체 전기 자동차 기술을 개발하였고, Huawei[23]는 뛰어난 텔레콤 글로벌회사 중 하나가 되었다.

〈그림 3-6〉 중국 디자인산업 전략 과정

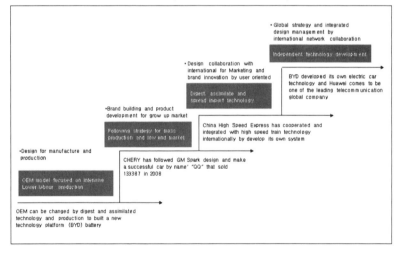

중소기업의 디자인 경영의식에 대한 분석은 다음과 같다.[24]

---

22) 중국 전기 자동차 전문 생산업체.
23) 중국 통신장비 전문업체.
24) 广大英, 「소기업을 위한 디자인 경영의식 실태조사」, 디지털디자인학연구, 추계학술대

① 디자인 프로젝트 추진에 소요되는 공간·시설·예산·도구 등의 지원이 충분히 지원되지 않아 업무의 자립성 및 효율성도 떨어져 있다.

② 디자인 업무가 회사 업무의 선순위에서 배제됨에 따라, 경영 전략적 차원에서 전략적으로 추진되지 못하는 경우가 많기 때문에 일관적이고 영속적인 업무 수행이 어렵다.

③ 중소기업 내의 디자인 조직이 독립적·자율적으로 설치되지 않아, 창조적 업무의 추진과 디자인의 독창적 능력 발휘가 어려운 상태이다.

④ 디자인의 추진과 관리·감독에 필요한 디자인 최고책임자의 지위가 낮다. 디자인 업무 및 디자인조직을 기업 전체에 침투시키기 어렵고 디자인의 전략적 활용도 어려운 상태이다.

⑤ 우수한 자질의 디자이너 확보 및 적재적소 배치가 이루어지지 않아서 전문 조직체의 조형 능력, 창조력을 살리지 못하는 상태임을 알수 있다.

⑥ 중소기업 내의 전문 인력으로서 자사 디자이너 채용에 있어 기업의 인지도나 저임금으로 인한 어려움을 겪고 있으며, 기획 능력이 발휘되지 않고 있다.

⑦ 디자이너에 대한 경영지식이나 감각에 대한 후속적인 개발이 이루어지지 않고 있어 경영자의 신뢰감을 얻지 못하고 있다

⑧ 기업경영 측면에서 경영자는 디자이너가 경영지식이나 감각이 부족하고 디자이너로서 자질도 부족하다고 생각하고 있어 경영비전이나 사업 안의 제시 등이 가능하다고 생각하고 있지 않는 상태이다.

⑨ 디자인의 중요성과 필요성은 인정하지만 디자인의 본질이나 경영적 효과에 대서는 잘 알지 못하여, 디자인을 전략으로 활용하려는 생각이 미약한 상태이다.

## 2) 자인 비즈니스의 현황

중국이 지난 1970년대 말부터 오늘날까지 시장 지향적 개혁개방을 추진하면서 급격한 경제성장을 이룰 수 있었던 이유는 제조업 부문을 중심

회, 2003, p.111.

으로 한 중소기업의 역할이 컸다. 현재 중국의 중소기업이 전체 민간기업 수의 95%를 차지하고 있으며 국가 GDP의 60%, 세수의 50%, 수출입의 70%, 도시 고용의 80% 이상을 책임지는 경제원동력이 되고 있다. 이렇듯 중소기업이 중국 경제에서 차지하는 비중이 막중함에도 불구하고 중국정부는 전통적으로 국유기업을 우대하고 중소기업의 지원은 상대적으로 미약했다. 그러나 최근 중소기업의 잇따른 도산으로 정부의 지원정책 필요성이 대두되고 있다.

중소기업과 가공 무역기업들이 직면한 가장 큰 문제로는 자금난과 기술력 부족에 따른 경쟁력 약화로 체계적인 정부지원이 절실한 상황이다. 중국의 중소기업은 정부의 긴축통화·재정정책과 위안화 절상 등의 여파로 2008년 상반기에만 6만 7,000여 개의 업체가 도산하였다. 최근에는 미국 발 금융위기가 실물경제 침체로 전이되면서 상황은 더욱 악화되었다. 2008년 1~3분기에만 광동(光東)성 일대의 7,148개의 중소기업이 도산하였으며, 푸젠(福建), 장쑤(江蘇), 연해지역 도시의 무역업체 수출량 감소와 원자재 가격상승 등의 원인으로 생산을 중단하는 기업이 크게 증가하고 있다.

중소기업의 혁신역량 강화는 급변하는 글로벌 환경 속에서 중국의 장기적인 성장을 담보하는 안정적인 성장 동력의 기능을 수행할 수 있다는 점에서 중요한 의미를 지닌다. 중국의 혁신적인 중소기업의 수는 16만 개 정도에 불과하고, 중소기업 전체의 10% 정도가 혁신적인 미국기업과 17% 가량은 이스라엘에 비해 수준이 크게 뒤쳐진 것으로 나타나 그만큼 잠재적 역량이 큰 것으로 내다보고 있다.

시장의 법칙을 완벽하게 받아들이면서 기업 간의 경쟁은 디자인에 대한 보다 많은 관심을 가져왔다. 시장에 나와 있는 다양화된 제품을 통해 우리는 품질이 점차적으로 더욱 좋아지는 것을 알 수 있다. 대기업들 중에는 헤어전문회사의 하이까오 디자인센터나 미디어산업의 디자인회사와 같은 디자인센터를 설립하고 점차적으로 완성단계에 접어든 곳도 있다. 이 외에도 기업들은 사회 각 분야에서 보다 나은 디자인을 찾고 있다. 새로 개발된 미디어와 중소기업체들은 새로운 디자인을 개발하기 위해 사회에 의존하기 시작하고 있으며, 기업이 마련한 디자인 활동 또한 늘어나고 있다.

중국 경제성장의 원동력인 중소기업의 중요성이 날로 부각되는 한편 경영난은 날로 심화되자 중국 정부는 2009년 8월 19일 국무원 상무회의에서 중소기업 발전 촉진에 대해 논의하고 중소기업 지원을 위한 6대 조치를 발표하였다. 이 조치는 중소기업의 자금난을 해소하고 세제혜택을 부여하여 기술혁신과 구조조정을 추진하고 중소기업 지원을 강화하는 등의 내용을 담고 있다. 이러한 정부지원은 중소기업 역량강화와 중국 경제발전에 긍정적으로 작용할 것으로 보인다.

⟨표 3-11⟩ 중국 내 기업의 산업디자인과 그 특성에 관련된 기관

| 디자인 공급자 분류 | 중국 기업의 산업디자인 특성 |
|---|---|
| 기업 내의 디자인 부서 | • 대부분의 디자인 업무를 회사에서 수행<br>• 상이한 수준과 유형의 디자인 기관들<br>• 대기업과 중간 규모의 기업들은 여러 형태의 디자인부서 설립<br>• 기업이 소유한 디자인 회사, 디자인센터, 디자인 사무소, 디자인 그룹과 디자이너 |
| 전문 디자인 회사 | • 수백 개의 디자인 회사가 제품 디자인 관련 사업 수행 |
| 디자인 대학 | • 디자인을 전공하고, 교수와 학생으로 구성된 형태의 디자인 기관 : 리서치 인스티튜트, 디자인 스튜디오, 디자인회사 |
| 홍콩과 대만 등 외국에서 들어온 디자인 회사 | • 에이전트를 통한 운영, 협약 혹은 단독 투자회사 |
| 프리랜서 디자이너 | • 비교적 저소득, 자유로운 방식 |

## 3) 디자인 조직 현황

중국의 대부분 회사들은 독립된 디자인 부서를 두고 있다. 독립부서가 없는 회사에서는 전문적인 디자인회사에 디자인작업을 요청한다. 이 글에서는 디자인 조직을 기업의 규모에 따라 구분하였다.

### (1) 대기업의 디자인 조직

대기업들은 사업영역이 확대될수록 디자인 기능의 중요성을 일찍부터 인식했으며, 1980년대 후반부터 디자이너를 채용하기 시작하였다. 초기 디자이너들은 홍보 관련부서, 영업 및 마케팅부서와 생산부서에 점진적으로 소속되어 소규모로 기업 경영을 지원하였다. 2000년대 이후 대기업의 디자인 조직은 독립부서로 설치되어 20명이 넘는 대규모로 운영되기도 하였다. 현재 주요 대기업에서는 디자인부서를 본사가 아닌 해외에서 운영하거나, 자체연구소를 설립하여 마케팅, 엔지니어링, 연구개발, 판매촉진, 생산 등 부서의 소속이 아닌 독립적인 조직으로 운영하고 있다.

일반적으로 대기업의 디자인 조직은 기업의 사업영역 및 부서역할에 따라 소규모의 전문디자인팀으로 분산되어 디자인업무를 수행하고 있다. 이러한 조직운영은 보안유지 및 업무관리가 용이하며, 유관부서와의 긴밀한 협조가 이루어질 수 있고 기업 내의 친화력과 반응 신속성이 뛰어나며 소속 디자이너들의 높은 책임감 등 장점이 있다. 그러나 소속 디자이너의 매너리즘 증가와 신선한 아이디어 창출의 한계와 같은 문제점은 단점이라 할 수 있다. 단점의 치유방안으로 부분적인 아웃소싱에 의한 디자인 개발을 위한 운영의 유연성을 가질 필요가 있다.[25]

25) 신아정, 「정보화시대의 디자인 전략과 디자인매니저의 역할에 관한 연구 : 기업내 디

## (2) 중소기업의 디자인 조직

중국의 중소기업들은 대부분 디자인 전담부서 설치가 드물다. 그러나 사업영역이 소비자접촉이 전제되는 기업의 경우 자체 디자인 부서에서 디자인 개발활동을 하고 있다. 이 경우 회사 자체내에 독립적 부서로 운영하거나 <그림 3-7>과 같이 마케팅 또는 판매촉진 역할 부서에 소속되어 디자인업무를 수행한다.

<그림 3-7> 중소기업의 디자인 조직

중소기업의 디자인개발 양상은 자체개발과 아웃소싱에 의한 개발로 구분된다. 자체개발은 회사에 소속된 디자이너가 개발을 맡으며, 아웃소싱에 의한 개발은 회사내부 규정과 프로젝트의 특성에 따라 계약된 디자인 전문회사나 외부협력업체에 의한다.

디자인개발 프로세스를 살펴보면 내부개발일 경우는 기업의 경영진의 지시에 따라 각 부서별 실적목표의 달성을 위하여 디자인 담당자 또는 프로젝

---

자인매니저의 역할을 중심으로」, 건국대학교 학위논문(석사), 3(한국학총서 5), 국회도서관, 2003, 19쪽.

트PM이 디자인개발을 요청한다. 디자인 프로젝트가 시작되면 디자인 관련 부서 팀장과 마케팅실장 등 상급자와의 단계별 인터뷰 및 협의로 진행된다. 일반적으로 부서별 업무협의 조율기간은 단계별로 5-10일이 소요된다.

아웃소싱을 통한 개발은 디자인 개발이 자체적으로 어렵거나 협업이 필요할 경우 대부분 경영진의 지시나 담당부서장에 의해 결정된다. 협력 업체 선정은 주로 경영진의 지시에 따라 결정된다. 아웃소싱에 의한 프로젝트 수행이 확정되면 계약업체는 콘셉트안내를 위한 오리엔테이션을 실시하고, 프로젝트의 중요도에 따라 1차 프레젠테이션에 기업 최고 경영자를 포함한 경영진과 관련부서 모두 참석하는 경우도 있다. 일반적으로 3-4차례 수정, 보완을 통해 연구가 완료되며, 최종 성과물은 회사자체 또는 외부 디자인 조사기관을 통해 선호도 조사를 실시하여 확정[26]한다.

### (3) 회사 내 디자인 조직이 없는 기업

회사 내 디자인 조직이 없는 대부분 회사에서는 사업경영상 디자인업무가 매우 소규모이거나 인건비, 시설 및 조직운영 소요비용에 대한 부담으로 디자인 전담부서를 설치하지 않고 모든 디자인 관련 업무를 아웃소싱에 의존한다. 이 경우 디자인개발은 대부분이 경영자나 디자인 필요부서의 비 디자이너 출신 관리자 및 업무 담당자가 결정한다. 디자인 개발은 주로 외부의 디자인 전문회사, 개인 프리랜서 또는 대학과의 협약에 의해 이루어진다.

---

26) 이윤희, 「기업 내 디자인 조직의 유형별 디자인 매니저의 역할」, 이화여대대학교 학위논문(석사), 2006, 18쪽.

〈그림 3-8〉 디자인 전담 부서가 없는 경우

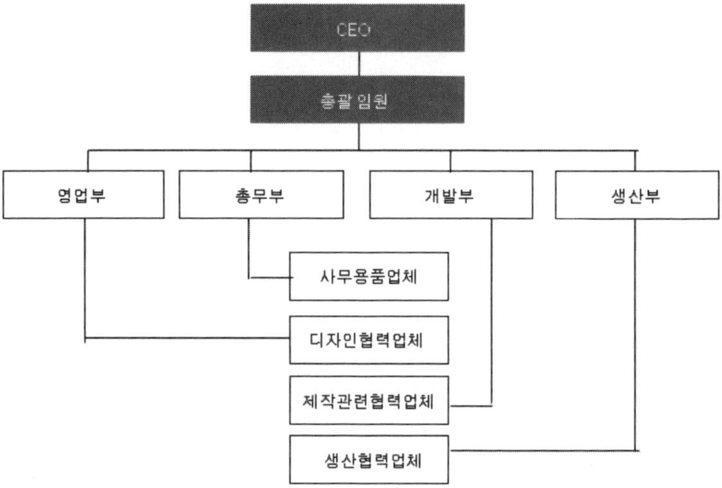

```
            ┌──────────────────┐
            │       CEO        │
            └──────────────────┘
                     │
            ┌──────────────────┐
            │     총괄 임원     │
            └──────────────────┘
                     │
   ┌────────┬────────┼────────┬────────┐
┌──────┐ ┌──────┐ ┌──────┐ ┌──────┐
│ 영업부│ │ 총무부│ │ 개발부│ │ 생산부│
└──────┘ └──────┘ └──────┘ └──────┘

            ┌──────────────┐
            │ 사무용품업체   │
            └──────────────┘
            ┌──────────────┐
            │ 디자인협력업체 │
            └──────────────┘
            ┌──────────────┐
            │제작관련협력업체│
            └──────────────┘
            ┌──────────────┐
            │ 생산협력업체   │
            └──────────────┘
```

위의 조직도에서 나타나듯이 디자인개발 프로세스는 각부서장 및 경영자의 지시에 의해 아웃소싱이 결정되면 디자이너 출신이 아닌 업무담당자가 디자인 전문 업체에 요청하여 디자인개발이 시작된다. 아웃소싱을 요청한 부서나 경영진의 몇 차례의 단계별 협의를 통해 디자인 성과물에 대한 수정 및 조정 후 디자인 개발 사안의 중요성에 따라 최고경영자를 포함한 경영진과 해당 관련부서의 추천에 따라 결정된다. 최종성과물은 해당부서와의 3-4차례 수정 및 보완 작업 후 경영진에게 보고와 최고 경영자에 의한 확정의 과정을 거치게 된다. 또한 회사의 내부결정에 따라 별도의 디자인 전문가의 의견이나 외부 디자인 조사기관을 통한 선호도조사를 거쳐 최종 결과물을 확정하는 경우도 있다.

## 3. 디자인 교육

### 1) 중국 디자인 교육의 현황

중국은 1979년 개혁개방 정책 이후, 디자인학과의 설립이 활성화되기 시작하였다. 1980년대 중반까지는 디자인 교육 프로그램을 가진 대학교는 20개 대학교에 지나지 않았다. 그러나 2009년에는 전문 디자인학교가 대략 800개(베이징에만 21개), 사업대학이 600개로 늘어났다. 중국은 매년 약 300만 명의 디자인 전공 대학교 졸업생과 2천만 명의 대학원생을 배출하고 있다.[27)]

또한 최근에는 각 대학에 박사과정도 생기고 있는 추세이다. 대학교는 기업과 디자인 과정에 참여하고, 디자인 이론을 연구하며 디자인서적을 편집, 출판하면서 국내와 해외의 디자인교육 교류가 활발히 진행되고 있다.

그러나 현대 디자인교육에 부합하는 교사인력은 부족한 실정이다. 대부분 기업들이 산업디자인을 중요하게 여기지 않아서 학생들이 졸업 후 대부분 광고디자인이나 다른 업종에 종사하여 국가적인 교육목표가 실현되지 않았다. 따라서 중소기업들은 "좋은 원료를 사용한 좋은 품질의 제품, 좋은 패키지디자인, 가장 이상적인 가격" 등을 고려한 제품개발을 위한 장기적인 노력이 필요하다. 디자인 교육과 경제발전이 밀접한 관계를 가진다는 점에서 선진국과 중국의 격차가 아직은 크다. 그러므로 조속히 전문적인 디자인학과의 개설과 디자인 진흥정책에 대한 개혁이 필요하다.

---

27) 朱焘, 중국 산업디자인협회 이사장, "중국산업디자인협회 제3회 이사회 보고서".

## 2) 중국 디자인 교육의 목표

중국 디자인 교육의 가장 근본적인 목표는 인재의 양성이다. 현재 중국은 기업과 시장에서 필요한 인재들을 일정 기간 동안 교육시키고 이들이 기업에서 활동하면서 제 역할을 할 수 있도록 지원하는 것이다. 기업이 필요한 인재를 현장업무에 곧바로 투입될 수 있도록 준비된 인재양성이 필요하므로 대학교육 역시, 이를 염두에 둔 교육과정을 개설해야 한다. 우수한 인재들이 전문적인 교육을 통해 기업에서 자신의 역량을 충분히 발휘하도록 하여 우수한 디자인 제품을 시장에 내놓을 수 있도록 준비하는 과정이 바로 중국 디자인 교육의 목표이다. 이를 위해서는 대학교, 기업, 정부가 유기적으로 융합하여 조화를 이뤄야 한다.[28]

# 제2절 중국 디자인 정책을 위한 인터뷰 조사

## 1. 인터뷰 조사 목적

본 연구는 중국의 디자인 정책에 대해 전략이 중심이 된 디자인 정책 수립이 우선이라는 가정 아래 연구를 진행하였다.

중국의 디자인 진흥정책의 유형은 지역정부 주도형으로 구성되어 있다. 중국은 정부가 앞장서서 디자인 진흥을 주도하기 때문에 국가적 차원의 디자인 진흥을 올바르게 시행하는 것은 디자인 분야의 발전을 위한 원동력이 될 수 있다. 그러나 디자인 진흥정책이 오히려 디자인산업의

---

28) 산업지원부, 「한국 디자인의 중국 진출 연구」, 구관기관 한국디자인진흥원, 2003, 167쪽.

발전을 저해하는 악영향을 가져올 수도 있음을 간과해서는 안 된다. 디
자인 진흥기관, 전문단체, 그리고 민간 기업 등이 서로 융합하여 협조관
계를 유지할 때 비로소 디자인 분야의 진정한 발전이 이루어질 수 있다.
중국의 디자인 진흥에 대한 연구조사는 중국 디자인 진흥의 실태를 파악
하기 위해 디자이너들이 중국 디자인 진흥정책 및 디자인 진흥기관 활동
등에 대해 얼마나 잘 알고 있으며, 어느 정도 부족한 지에 대해 알아보
는데 그 목적이 있다.

## 2. 인터뷰 조사 대상

인터뷰 조사는 2010년 12월 12일부터 2010년 12월 15일까지 조사가
실시되었다. 중국디자인협회, 산업계는 관리자급의 디자인실무자와 경영
자, 교육계는 디자인을 가르치는 교수 3개 단체를 조사대상으로 하여 연
구 분석하였다.

〈표 3-12〉 인터뷰 대상, 시간과 장소

| 인터뷰대상 | 직업 | 시간 | 장소 |
|---|---|---|---|
| 류광명 | 중국과학기술원 교수 / 연구원 | 2010.12.12<br>20 : 40 | 청징이공대학교<br>국제교류빌ELD |
| 채균 | 청화대학교 디자인 경영연구소<br>산업디자인학원 학장<br>소장 / 교수 | 2010.12.13<br>18 : 00 | 청징이공대학교<br>국제교류빌딩 |
| 중명명 | 베이징 이공대학교 디자인 및<br>예술디자인대학원 교수 | 2010.12.15<br>14 : 30 | 베이징 이공대학교<br>디자인 및 예술대학원<br>218 중명명 교수연구실 |

## 3. 인터뷰 조사 내용

영국, 핀란드, 일본, 한국 등 국가별 디자인 정책과 관련된 자료를 분석하여 정리한 결과를 통해 국가 디자인 정책 계획과 실행에 관한 전략을 도출해 내고, 계획의 실행 효과와 내용에 대한 인터뷰 항목을 작성하여 심도 있는 인터뷰를 진행했다. 2010년 중국 산업디자인 경쟁력 강화를 위한 방향을 제안한 대상자들을 방문하여 각각 학술계와 정부 부문의 인터뷰 질문지를 서로 다르게 구성하였다. 또한 중국 국가 디자인 정책의 미래 방향과 디자인산업 분야에 대한 관련정책과 현재의 상황을 소개하고 향후 지속적, 통합적, 개방적인 디자인 정책발전을 위한 의견을 제시하도록 했다.

본 조사에서는 다양한 계층의 의견을 고루 청취하기 위하여 여러 디자인 영역(정부디자인 정책, 산업계, 디자인 교육기관)을 토대로 3가지의 형태로 인터뷰조사를 실시하였다. 결과는 다음 <표 3-13>과 같다.

<표 3-13> 인터뷰 항목

| 영 역 | 주요내용 |
|---|---|
| 디자인 정책 & 지원제도 | 1-1 : 중국 디자인 정책 형성과 수단 현황 |
| | 1-2 : 중국 디자인 정책 실행과 정책 환경 |
| | 1-3 : 중국정책의 불만족 기타 이유 |
| | 1-4 : 중국 디자인 진흥을 위한 기업, 산업, 교육계의 방향 역할 |
| | 1-5 : 중국 디자인 기관과 전문 단체의 활성화를 위한 방안 의견 |
| 산업체 | 2-1 : 중국의 "디자인산업의 전반적인 경쟁력 강화를 위한 계획"의 집행이 중국 산업 혁신의 경쟁력 강화에 미친 영향 |
| | 2-2 : 디자인산업의 발전에 있어서 가장 큰 장애 및 문제점 |
| | 2-3 : 현재 중국 디자인산업의 발전 트렌드와 방향 의견 |
| 디자인 교육 | 3-1 : 중국 디자인교육의 수준 |
| | 3-2 : 중국 디자인 교육의 저해 요인 |
| | 3-3 : 디자인 진흥을 위한 디자인 교육 방향 의견 |

인터뷰 항목 1에서는 "디자인 정책 및 지원제도"를 통해 디자인 정책 방향을 조사하였는데 "중국 디자인 진흥을 위해 정부가 담당해야 하는 역할", "디자인 정책 수립에 대한 중국 정부디자인 정책 실행 상황과 문제점 및 환경"과 "디자인 진흥을 위한 디자인 정책 방향 의견"으로 나누어 조사를 시행하였다. 이것을 토대로 중국의 미래 디자인 정책 집행에 대한 반성적 성찰과 디자인 역할의 확대를 위한 시스템 확립 및 이를 위한 새로운 전담기구의 설립과 지원에 관한 내용을 분석하였다.

인터뷰 항목 2에서는 "산업체 지원에 대한 중국 산업 환경과 문제점"과 "디자인 진흥을 위해 산업 방향 트렌드" 등 3가지 항목에 대한 인터뷰를 실시하였다.

인터뷰 항목 3에서는 "중국 디자인 교육 방향"과 "중국 디자인교육 혁신을 위한 문제점"으로 나누어 조사가 시행되었다.

전반적인 디자인 진흥 정책에 대한 인터뷰 조사를 진행 한 후, 디자인 협회, 산업체, 교육계가 담당해야 하는 디자인 영역에 대한 인터뷰 조사를 통해 연구 결과를 종합하였다.

〈그림 3-9〉 인터뷰조사 프레임 웍

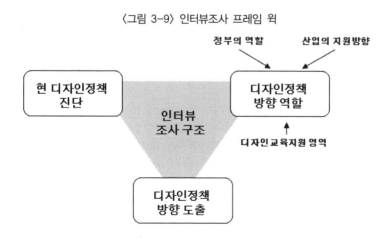

# 제3절 인터뷰 조사 결과

중국 디자인 진흥정책연구의 인터뷰 분석 결과, 먼저 디자인 정책지원 측면에서는 부분적으로 정부기관에서 지원을 위한 다양한 노력과 산업체의 디자인에 대한 인식이 재고되고 있다는 것, 그리고 중국 내의 대학에서 산학협력에 대한 관심이 높아지면서 좋은 성과를 이루고 있다는 것이다. 그러나 전반적인 결과로는 중국 디자인 정책이 아직 미숙한 단계에 있다고 볼 수 있다.

인터뷰 조사를 통해 나타난 세부 디자인 정책 방향 영역과 현 중국 디자인 정책 문제점을 분석하면 다음 <표 3-14>와 같다.

〈표 3-14〉 중국 디자인 정책의 참여주체별 인터뷰 결과

| 영 역 | 인터뷰 항목 | 결 과 | 응답자 |
|---|---|---|---|
| 디자인 정책 & 지원제도 | 1-1 : 중국 디자인 정책 형성과 수단 현황 | • 디자인 정책 시스템 취약 | 류광명 |
| | | • 홍보정책 정책의 부재 | 류광명 |
| | | • 국제 교류 및 글로벌 디자인 정책에 대한 고류 및 성과가 미비 | 중명명 |
| | 1-2 : 중국 디자인 정책 실행과 정책 환경 | • 정책체계의 불명확성 | 중명명 |
| | | • 디자인 개발하는 능력 부족 | 류광명 |
| | | • 디자인을 담당한 사람의 전문성이 부족 | 채균 |
| | | • 현장 의견수렴 미비 | 채균 |
| | | • 디자인 정책 평가 부재 | 채균 |
| | 1-3 : 중국정책의 불만족 기타 이유 | • 중국 디자인에 대한 국민의 불신감 | 중명명 |
| | | • 정부의 디자인 정책 부재 | 채균 |
| | | • 정부의 통합적인 조정 관리체계가 정립되지 못함 | 채균 / 류광명 |
| | | • 부처별 지원기관별 유사 또는 중복투자 | 류광명 |

| 영 역 | 인터뷰 항목 | 결 과 | 응답자 |
|---|---|---|---|
| 디자인 정책 & 지원제도 | 1-4 : 중국 디자인 진흥을 위한 기업, 산업, 교육계의 방향 역할 | • 디자인 진흥 산업의 인프라, 거시적 지원<br>• 시장 수요창출, 교육지원, 실용기술 기발, 적격성에 대한 검증 및 인증<br>• 원천기술 개발, 시대요구에 부합한 전문 인력 양성, 다양성에 대한 적응력 강화 | 류광명 |
| | 1-5 : 중국 디자인 정책 기관과 전문 단체의 활성화를 위한 방안 의견 | • 총체적 발전 디자인 정책 전략의 수립 | 류광명 / 채균 |
| | | • 진흥기관 운영 방안의 개선 | 채균 |
| | | • 선진국가 디자인 정책의 도입 | 채균 |
| | | • 국가 디자인 시스템 구축 | 중명명 |
| | | • 국가 디자인 진흥기관 설립이 필요함 | 류광명 / 채균 |
| 산업체 | 2-1 : 디자인산업의 발전에 있어서 가장 큰 장애 | • 산업계의 구습 경영 | 류광명 / 중명명 |
| | | • 지적 소유권 보호의 실효성 부족 | 류광명 / 중명명 |
| | | • 정보제공의 부족 | 채균 |
| | | • 투자와 지출 개념의 차이 | 채균 |
| | | • 디자인 경영의 중요성 인식 미흡 | 채균 / 중명명 |
| | | • 산업계 우수 인력 부족 | |
| | | • 디자인 이미지에 대한 모호성 | 중명명 |
| | | • 디자인 창조 전략의 부재 | 중명명 |
| | 2-2 : 현재 중국 디자인산업의 발전 트렌드와 방안 의견 | • 중국 OEM-ODM의 변화 | 채균 |
| | | • 기업 자생력 지원 | 채균 |
| | 2-3 : 중국 디자인산업의 전반적인 경쟁력 강화를 위한 계획 집행이 중국 산업혁신 경쟁력 강화에 미친 영향 | • 체계적 디자인 정책 전략<br>• 산업체 연계 경쟁력 확보 | 류광명 |
| 디자인 교육 | 3-1 : 중국 디자인 교육의 수준 | • 디자인 교육 방법의 낙후 | 중명명 |

| 영 역 | 인터뷰 항목 | 결 과 | 응답자 |
|---|---|---|---|
| 디자인 교육 | 3-2 : 중국 디자인 교육 낙후요인 | • 타 분야 및 전공과의 협업에 대한 부정적 인식 및 경험부족 | 류광명 / 채균 / 중명명 |
| | | • 산학프로젝트에 대한 낮은 연구업적 반영 | 류광명 |
| | | • 산업과 괴리된 교육시스템 | 류광명 |
| | | • 디자인전문회사에 비해 연구 성과물의 질적 수준 저하 | 채균 |
| | 3-3 : 디자인 진흥을 위해 디자인 교육 방향 의견 | • 디자인 교육 혁신 | 중명명 |

# 1. 중국 디자인 정책 진단

## 1) 디자인 정책 및 지원제도

### (1) 중국 디자인 정책 수립과 집행 현황 진단

① 디자인 정책 시스템 취약

2007년 산업디자인 개발계획의 발표와 동시에 정부는 디자인 개발에 재정과 세금 지원을 하였으나 선진국과 경쟁력 있는 나라에 비하면 현저히 열악하였다. 디자인 정책 담당기관이 정부의 한 부서 차원이기 때문에 국가적 정책을 수립할 실질적인 기능을 하지 못하므로 적응력이 부족하다는 평가이다.

"현재 디자인 관련 중국정부 정책은 디자인산업의 기초를 세우는 데 주력하고 있기 때문에, 실제 중국 회사의 디자인 개발이나 디자인 분야의 지원 계획으로 경쟁력을 강화하기는 어렵다. 특히 중국은 기업 디자인 개발 욕구를 키우기 위해 다양한 노력을 하고 제도적인 참여 제도를 마련해야 합니다."

② 홍보 정책의 부재

정부의 디자인 홍보 정책은 일반인의 의견을 수용하여야 하나 일반인과 정부가 상호 의견을 교환할 통로가 없어서 정책수립이나 실행에 있어 일반인의 의견을 만족스럽게 반영하지 못하고 있다.

③ 정책체계의 불명확성

정부의 정책은 국가의 산업 발전에 매우 중요한 근거와 표준을 제공하지만 장기간 경과 후 그 효과가 나타난다. 안타깝게도 중국에서는 2007년까지 공업디자인을 중요하게 여기지 아니하였다. 중국 산업디자인협회의 주석인 주희가 2007년에 중국 국가총리에게 산업 디자인의 중요성에 관한 편지를 보낸 후 비로소 총리의 높은 관심을 받아 그때부터 산업디자인 정책의 수립이 중요하게 여겨졌다.

또한 중국에서는 여전히 국가가 관리하는 디자인 진흥기관이 없으며 정부 주도하에서 국가적인 디자인 정책을 수립할 계획도 없다. 이러한 원인으로 디자인산업의 발전에 부정적인 영향이 불가피한 것이다. 일본의 경우에는 1989년부터 일정한 인원과 조직을 통해 국가의 디자인 정책을 수립하고 시행하였다. 정부의 집권당 변화와 관계없이 디자인 조직과 구성원이 언제나 이미 제정된 규범에 의해 정책을 진행하는 것이다. 따라서 디자인 정책의 효과가 지속적으로 유지될 수 있는 것이다. 영국과 한국도 일본과 같은 시스템으로 운영되고 있다.

"중국 디자인 정책의 기본목표는 산업발전을 통해 여타 산업의 국제경
쟁력을 강화시키는 것이지만 지금까지의 정책의 초점은 중소기업 지원에
맞춰져 있어 진정한 의미의 디자인산업 육성정책이 아닙니다."

④ 국제교류 및 글로벌 디자인 정책에 대한 고려 및 성과가 미비

중국정부가 디자인산업 발전전략 및 디자인산업 경쟁력 강화방안을
위하여 제시한 국제 디자인 HUB 구축이라는 비전이 무색할 정도로 일
회성 디자인 교류에 불과하고, 디자인 전문업체나 중소기업의 해외 디자
인업무가 증가하는 추세임에도 불구하고 정보제공 등 기본지원 정책이
취약하다.

"국제 교류 및 글로벌 디자인 정책에 대한 고려 및 성과가 미비합니다."

## (2) 중국 디자인 정책 실행과 정책 환경

### ① 디자인을 개발하는 능력 부족

최근까지 대부분의 기업은 불확실성과 신상품 개발 투자비를 넘어선
개발 비용 때문에 새로운 디자인 개발을 피해왔다. 디자인은 기술 발달
과 더불어 높은 부가가치를 생산해 낼 수 있고 산업경쟁력을 향상시켜
줄 수 있는 핵심 요소임에도 불구하고 과거에 그 중요성에 대한 이해가
부족하였다.

"최근 중국 정책 환경의 과시적 변화로서 디자인 보호 시스템이 부족
하다는 것을 지적할 수 있다."

② 디자인을 담당한 사람의 전문성이 부족

중국 국내 디자인 개발이 활성화되지 않아서 디자인 수요를 확장하기 어렵고, 디자이너가 그 분야에 참여할 기회가 적어서 경험이나 기술을 축적할 기반이 취약하다. 보통 디자이너의 자질이 부족하다고들 평가한다. 그 이유는 외국의 경우와 달리 중국의 디자인 교육제도가 예술을 위주로 한 교육에만 치중하여 예술적 성향을 강조하므로 마케팅과 공학을 연계할 수 있는 전문적인 인력을 배출하지 못하기 때문이다.

  "디자인 분야는 높은 수준의 전문성이 필요하므로 디자인 정책의 기반
  이 부족하고 조직 구조가 약하여 전문가 영입이 어렵다."

③ 현장 의견수렴 미비

디자인 정책 수립 시 다양한 영역의 전문가들이나 디자인 민간단체들의 의견을 적극적으로 조사, 검토 및 수용하지 않아 원활한 커뮤니케이션이 부재하여 정책 실효성이 떨어진다는 평가이다.

  "정책 수립 시 자문위원회 등을 해당 업계 종사자 및 전문가뿐만 아니
  라 해당산업과 관련된 스트림에 위치한 산업분야에서도 의견을 수립해야
  합니다."

④ 디자인 정책 평가 부재

중국은 2007년부터 지금까지 그동안 정부가 수립해오고 집행해 온 디자인 정책에 대한 평가 작업이 실질적으로 진행되지 않았다고 평가하고 있다.

  "지금까지 중국 디자인 정책에 대한 평가와 견제 기능이 부재합니다.
  정량적인 평가가 존재하기는 했지만, 전문가들을 대상으로 정성적인 연구
  를 통해 심층 분석이 수행될 필요성이 있습니다."

### (3) 중국정책의 불만족 기타 이유

① 중국 디자인에 대한 국민의 불신감

중국에서 디자인에 관련된 일에 종사한다는 것은 결코 쉬운 일이 아니다. 그 원인은 중국 국민은 중국 디자이너의 작품에 대한 인정도가 떨어지고 중국 내 디자인에 대한 불신감에 있다. 이와 반대로 이탈리아, 독일 등 디자인이 발전한 나라에서는 본국의 디자이너가 만든 물품이나 업체에 대하여 적극적으로 투자·생산한다. 서양 물품을 좋아하는 사람들의 심리는 국내 디자인산업 발전의 걸림돌이 된다. 한국, 일본도 이러한 현상이 공통으로 존재하는데 중국과 차이는 이들 국가가 생산에 적극적으로 참여하면서 유럽 국가의 장점을 자기 나라 이미지로 전환·발전시키며, 자기 나라의 디자인을 자랑스럽게 홍보하는 것이다. 중국이 마땅히 따라 배워야 할 점이라 할 것이다.

"중국의 디자인산업은 정부, 기업, 국민의 개념이 부족하여 국가 산업
의 발달 시기에도 무시되어 왔다."

② 정부의 디자인 정책 취약

중국정부에서 발표하는 디자인 정책을 살펴보면 중국 정부기관에서 한 과의 차원에 머물렀다. 이는 정부가 기본 이론이나 철학의 취약을 의미한다.

"중국의 디자인 정책 제도의 형성, 기능과 실질적인 조건을 연구할 때
디자인 정책은 관련 기관들이 수평적으로 연결되지 않고 수직적으로 몇
몇 임무를 수행한다고 한다."

③ 정부의 통합적인 조정 관리체계 미흡

중국의 디자인 정책은 대부분 영국, 일본, 한국에서 시행된 진흥정책을 도입하여 정책수립과 사업시행을 한 경우가 많으므로 중국 환경에 부합하지 않는 경우가 많다. 즉, 디자인 정책이 중국의 디자인 환경을 너무 앞서 나가거나 중국의 정서에 맞지 않는 사업시행으로 인해 사업목표를 달성하지 못하여 예산을 낭비하는 경우가 적지 않다. 예를 들어 RDC의 경우 매우 중요한 디자인 기반사업이지만, 단순히 제도적인 부분만 도입하고 실무환경 전문가들의 의견 수렴이 부족하여 파생 효과가 미미하고 엄청난 비용투자에 비해 성과는 매우 미약하여 예산낭비라는 비난과 지적을 받고 있다.

"중국 산업육성 관련 정부의 통합적인 조정 관리체계가 정립되지 못하였다."

"정부 주도 디자인 정책은 디자인 역량을 개발하기 위해 비정부 주도 디자인 정책보다 적합하다."

④ 부처별, 지원기관별 유사 또는 중복 투자

정부의 각 부처 협력체계가 미흡하여 유사한 사업 및 정책 시행의 종합적 검증이 없어 중복투자로 인한 예산 낭비를 초래하고 있다. 따라서 디자인 지원업무를 정부부처 및 지자체가 주관, 시행하거나 정책을 입안할 때 각 분야의 전문가 자문을 얻거나 사전조사를 거쳐 이를 사업에 반영하는 것이 필요하다.

"국가적 차원의 디자인 정책은 사회와 산업에서 디자인에 관련된 모든 영역을 고려해야 한다."

## 3) 산업체

### (1) 디자인산업의 발전의 장애요소

#### ① 산업계의 구습 경영

지금까지 중국 기업들은 습관적으로 국외 대기업의 제품을 그대로 사용하고 신상품을 창조하지 못하였다. 중국 디자인산업은 여전히 하청생산의 방법으로 안전하게 이익을 얻으므로 시장 경영이 차단되고 발전에 저해가 되고 있다. 그러나 현재 중국의 디자인 업체는 기술낙후의 원인으로 상호 간 완벽하게 규범을 확정하지 못하여 디자인 진흥정책의 혼란을 초래하고 디자인의 가치를 파괴하고 있다. 예컨대, 저가로 특매하여 시장을 지배하려는 방법은 디자인산업 발전을 저해하는 중요한 요소가 된다. 그러므로 중국의 디자인 업체는 반드시 선진국의 디자인 업체의 우수한 경영 방식을 도입하여 자국의 디자인산업 이미지를 창출하는 데 주력해야 할 것이다.

"산업 개혁에 있어서 구습은 중국 산업 환경과 디자인산업을 발전시키는 데 걸림돌이다."

"중국은 단지 현재 기술개발에 역점을 두면서 기업 스스로 새롭게 창조하고 대부분 기술 수준을 향상시키는 데 주력하고 있다. 사실 중국 기업은 핵심적 기술을 스스로 소유할 필요가 있음에도 불구하고 연구 개발의 장기적 목표의 수립 없이 눈앞의 이익만 추구하는 문제를 안고 있다."

#### ② 지적 소유권 보호의 실효성 부족

현재 중국은 지적 소유권 보호의 실효성이 여전히 부족하다. 구체적으로 아래의 세 가지 측면으로 나누어 볼 수 있다. 첫째, 사회적으로 소유권 보호의의식이 희박하다. 많은 신 디자인 제품들이 시장에 출품된 후 표절현상이 급속히 나타나고 있다. 둘째, 대부분 기업들의 디자인 의식 결여로 디자인에 대한 투자를 고려하지 않는다. 셋째, 디자인 회사의 방안이 프로그램 입찰공고 과정 중 다른 기업들에게 표절 도용되는 현상이 비교적 보편적인 현실이다. 현재 지적 소유권 보호에 관한 실질적인 처벌이 없어 기업은 소유권에 관한 과도한 손해를 입게 되어 있다. 따라서 디자인 회사들은 부득이 자신들 스스로 비밀 유지와 그 보호수단을 강화할 수밖에 없으며, 이러한 현상은 디자인산업의 기술력의 외국 유출에 영향을 주었다.

"현재 중국은 지적 소유권 보호의 실효성이 여전히 부족합니다."

"중국 기업들은 지적 소유권 보호 인식 부족합니다."

③ 디자인 경영의 중요성 인식 미흡

선진국에서는 환경에 대한 디자인 경영의 중요성을 인식하고 환경을 고려한 디자인 경영 개발을 적극적으로 수행하고 있다. 그러나 중국의 경우 전체 국민과 디자이너가 환경에 대한 사회적 책임 의식이 낮고, 디자인 작업 시에도 재활용, 재사용에 대한 고려가 없는 경우가 많기 때문에 앞으로 지속 가능한 환경, 에코디자인(aco-design)에 대한 인식 확산이 필요하며, 중앙정부 차원의 정책적 논의가 필요하다.

또한, 오늘날 제품의 경쟁력은 기업의 이미지 및 제품의 디자인에 의해 좌우된다. 그러나 대부분 중소기업들은 디자인 경영의 인식부족과 연구개발비 투자의 인색함으로 인해 디자인을 외면하거나 무관심으로 일관하고 있다. 특히 대기업에 비해 중소기업들은 디자인 경영에 대한 인

식부족이 심각하여 디자인보다 가격이나 제품의 기술력을 위한 투자를
더 중요시하고 있다.

> "중국 제품 경쟁력은 기업의 이미지 및 제품의 디자인에 의해 좌우됨
> 에도 불구하고 아직도 많은 중소기업은 디자인 경영에 대한 인식부족과
> 디자인의 연구 개발비 투자에 대한 인색함으로 인해 디자인을 외면하거
> 나 무관심을 나타내고 있다."

> "중국의 경우 전체 국민과 디자이너가 환경에 대한 사회적 책임 의식이
> 낮고, 디자인 작업 시에도 재활용, 재사용에 대한 전혀 고려하지 않습니다."

④ 디자인 이미지에 대한 모호성

현재 중국은 디자인 전공 졸업생이 늘어나고 있지만 이상적인 직장을
구하는 일은 그리 쉽지 않은 실정이다. 이것은 중국의 디자인산업이 예
전에는 단지 취업에만 치우치고 창조적인 측면에 소홀하였기 때문이다.
즉 규모가 꽤 큰 회사를 제외한 대부분은 중소형 기업들에서 소기업은
3~5명, 중견기업은 10~20명 정도이다. 그러나 산업 환경과 디자인 기
업의 업무가 갈수록 복잡하고 다양해짐에 따라 전공도 세분화되어 있다.
따라서 소형 디자인 회사는 경영을 위하여 디자이너가 디자인 창작을 하
지 않고, 오히려 모형을 만들거나 그것을 완성하는 데만 치우친다. 심지
어 기관의 일상 업무마저 디자이너가 맡아 처리하는 실정으로 이러한 결
과로 디자이너는 전공을 제대로 발휘하지 못하여 다자이너의 진정한 역
할이 아닌 모호한 처지에 있어 결국은 인재의 낭비로 귀결된다.

⑤ 정보 제공의 부족

현재 중국 산업디자인에 필요한 완벽한 인재, 자금, 정보 서비스 등의

교류 시장이 형성되어 있지 못하다. 그중 가장 시급한 것이 서비스를 제공하는 정보 기구의 설치이다. 그리고 정부가 제공하는 기초적인 공공 서비스이다. 현재 중국 기업은 국제 상거래에서 중요한 업무 정보는 자신의 네트워크로 수집하며 종전과 같이 고객의 연결을 통안 정보 소스의 획득에는 한계가 있어 결국 산업 디자인의 발전에 막대한 지장을 미치고 있다.

> "현재 중국 산업디자인에 필요한 완벽한 인재, 자금, 정보 서비스 등의 교류 시장이 형성되어 있지 못하다."

⑥ 투자와 지출 개념의 불분명

중국의 대기업을 제외한 대부분 회사들은 보편적으로 디자인에 대한 자금 투입을 일종의 지출이라고 인식한다. 그러나 선진국가의 기업 경영진들은 디자인을 매우 중시하고 있다. 그들의 지출에 대한 인식은 투자자로서 우선 경제관을 반영하고 있으며, 이러한 인식은 지속적인 경제 사상 위에 세워졌다.

이에 비하여 중국 기업들이 세계의 치열한 시장경쟁 환경에서 기업의 현재 보편적으로 유효한 산업 투자와 디자인의 발전 환경이 현저히 열악한 실정임을 반증한다. 디자인은 기업발전의 제일 중요한 요소의 하나로 가장 구체적이며 전략적인 투자요소이기도 하다. 중국의 기업가들은 경영진이 디자인 투자에 관한 의사결정이 매우 정확한 인식이고 일종의 추가 지출이 아닌 필요불가결한 매우 중요한 투자라는 것을 점진적으로 알게 되었다.

⑦ 디자인 창조 전략의 부재

디자인은 상품 하나의 가격에서 얼마나 차지하는지 계량화하기가 쉽

지 않는데 일종의 가치의 변동이기 때문이다. 디자인 가격은 브랜드 가
치, 문화 가치, 국가의 방식, 수준능력이 포함되어 있다.29) 현재 중국 산
업디자인 가치는 실제 평가할 수 없으며, 조작이 가능한 가치 평가와 가
격운행 표준이 결핍되어 디자인 양성과 순화 발전을 위한 제품 제조의
불량, 디자인 표절, 심각한 모방성, 결핍된 창조성을 유발시켰다.

### (2) 현재 중국 디자인산업의 발전 트렌드

#### ① 중국 산업체 OEM-ODM의 변화

중국은 1970년대 부터 유럽과 미국, 일본 등으로 부터 디자인 개념을
도입하기 시작하였으며 1980년대에는 OEM(Original Equipment Manufacturing)
이 유행하였다. 그 당시 많은 세계적인 최고급 브랜드 제품은 모두 중국
에서 가공, 제조된 후 다시 독일, 미국, 일본 등 국가로 수출되었다. 수입
국들의 제품 품질재고에 대한 지속적인 요구로 인해 중국의 제조기술은
비약적인 발전을 하였을 뿐 아니라 중, 소기업들도 이러한 기회로 전 세
계의 많은 기업과 교류를 하게 되었다.

그러나 OEM은 점점 쇠퇴해져 갔다. 즉 중국의 기업들은 비록 고품질
의 상품을 생산할 수 있지만 상표의 소유권이 외국 기업들에게 있으므로
중국 기업들이 이윤을 재고할 수 있는 효과적인 방법이 없었다.

이러한 시대적, 사회적 배경으로 2010년 중국 전문가들은 자주적 디자
인을 강조하는 ODM(Original Design Manufacturing)이라는 개념을 제시하였다.
즉 지금까지 외국 기업에서 디자인한 상품을 가공해 주는 단계에서 점차
중국 스스로 디자인한 상품을 개발하는 단계로 발전시켜야 된다는 관점이

---

29) 植竟, 『디자인 전략』, 인민교육출판사, 2004, p.12.

다. 뿐만 아니라 OEM과 ODM간의 비교를 통하여 중국 OBM(Original Brand Manufacturing), 즉 자체브랜드의 창안이 필요하게 된 것이다.

### 2) 디자인 교육

#### ① 디자인교육 방법의 낙후

체계는 기본적으로 세워졌으나, 완전한 체계가 아니고 교육 방법과 사상 또한 아직은 낙후한 수준이다. 산업디자인교육은 교사와 학생들이 충분하고 자유로운 커뮤니케이션을 하여 토론으로 혁신을 이룰 수 있다. 지금의 중국은 기초과목이나 전공과목을 옛 방식으로 계속 이용하고 있다.

또한, 디자인 교육에 있어서 산학협동 및 디자인전문가(CDO)강의 등 새로운 정책이 도입되었으나 일부 학교와 학생에 한정되어 있어 전반적인 디자인 교육문제 해결에는 무리가 있으며 보다 근본적인 해결방법을 강구해야 한다.[30]

> "중국 디자인교육 방법과 사상과 프로젝트 등, 아직은 낙후한 수준입니다."

#### ② 타 분야에 대한 이해부족

디자인 교육이 당면한 여러 가지 문제 해결을 위해서는 산업체의 다양한 요구를 충족시킬 수 있는 여러 분야의 전문적 지식과 경험이 필요하다. 특히 산업체의 다양한 요구를 해결하려면 해당 산업체 관련 산업분야 및 시장에 관한 현황파악을 통해 디자인의 핵심문제를 해결하여야

---

30) 허강숙, 「글로벌 환경 변화에 따른 디자인 정책 발전방향 연구」, 경희대학교 학위논문 (석사), 745.2-8-145(국회도서관), DM639.5-8-146=2(국립중앙도서관), 2008, 56쪽.

하며 종합적인 디자인컨설팅 능력이 필요하다. 디자인 분야의 급속한 기술발전에 따라 전문영역이 세분화되고 심층적으로 변화하고 있다. 또한 유학 등에 의한 지나치게 짧은 실무지식과 경험으로 인하여 프로젝트 수행과정에서 상호협력에 필요한 주변학문 경영, 마케팅, 언어, 역사, 문화 등 유관분야에 대한 소양이 부족한 경우는 산업체의 디자인 문제에 대해 지나친 조형적인 문제만을 개선하려는 경향이 있어 디자인교육의 산학협력 관계가 원활하지 못한 경우가 발생한다.

"중국 디자인교육의 산학협력 관계가 원활하지 못한 경우가 발생합니다."

"중국 디자인 여러 분야의 전문적 지식과 경험이 필요합니다."

"경영, 마케팅, 언어, 역사, 문화 등, 유관 교육 분야에 대한 소양이 부족합니다."

③ 산학 프로젝트에 대한 낮은 연구업적 반영

중국의 대학은 주변 환경의 변화에 따라 산학협력이 대학교수의 중요한 사회활동영역으로 자리잡아 가고 있다. 대학에서 산학협력을 추진하는 가장 큰 목적은 부족한 연구비의 확충과 유리한 업적반영, 실무형 인력의 양성 및 학생의 수월한 사회진출을 해서지만, 다른 측면에서는 교수 자체의 연구력을 강화하고 개인적 역량을 향상시키는 이점도 있다.

또한 향후 산학협력 결과에 연구업적의 반영이 확대되어, 산학협력이 대학 교수의 업적평가에 지대한 영향을 미칠 것을 시사하고 있다. 다른 한편으로 디자인분야가 학문의 특성상 타 학문에 비해 연구와 개발의 간극이 좁아 디자인분야 교수들의 산학협력 참여는 나날이 확대될 것으로 예측된다.

따라서 대학에서는 산학협력의 업적 반영을 현실화하여 대학교수의 산학협력 의욕을 높임으로서 대학교수의 산학협력 활동을 진작시켜야 할 것이다. 다음 <표 3-15>는 대학에서의 교원업적 평가기준의 분야별 평가 사례이다.[31]

〈표 3-15〉 교원업적 평가 기준사례[32]

| 대학 | 연구 | 교육 | 산학협력 | 사회봉사 | 합계 |
|------|------|------|----------|----------|------|
| S대학 | 50 | 30 | 10 | 10 | 100 |
| H대학 | 50 | 30 |  | 20 | 100 |

④ 산업과 괴리된 교육시스템

현재 중국 교육시스템은 인력 수, 인력 구조, 인력의 질 측면에서 산업과 괴리된 교육시스템으로 근본적인 문제가 있다.

"중국의 경우 인구에 비해 디자인학과 졸업생이 너무 많습니다. 결국에는 실업자를 양성하는 쪽으로 가는 실정이에요."

"매년 배출되는 10만 명의 디자인 관련 졸업생들을 활용할 수 있는 정책이 필요합니다."

⑤ 디자인전문회사에 비해 연구 성과물의 질적 저하

급속한 정보화에 따른 기술과 사회 환경의 변화가 진행되는 다양한 연구가 요청되는 시대에서 대학 교수는 입시, 취업, 정보화 적응 등 많은

---

31) 손병호·이기종, op.cit, 19쪽.
32) 출처 : 손병호·이기종, 「산학협력의 허와 실 : 현황진단과 정책과제」, 전자형태로만 열람 가능함, 한국산업기술재단, 2005, 19쪽.

업무에 시달리고 있다.

이러한 업무의 가중은 대학교수의 실무에 대한 적응력을 점점 더 떨어뜨리고 있다. 그동안 산업체의 디자인에 대한 관심과 수준이 높아지고, 디자인분야 실무현장의 기술습득 속도가 빨라지는 관계로 대학의 교수들은 산·학 협력보다는 학생교육에 더 중점을 두었기 때문에 디자인 실무전문가와 비교하면 디자인에 대한 질적 격차가 심화되고 있다. 특히 중국 대기업의 디자인 전문가와 비교하면 디자인분야에 따라 훨씬 격차가 크게 나타나고 있다.

"디자인 선진국의 디자인 정책지원(교육, 지원, 공모전 등)에 비하여 중국에서는 교육부문에 대한 투자가 취약한 실정이다."

## 2. 중국 디자인 정책 방향 추진 역할

### 1) 국가 역할

디자인 정책과 지원에 있어 국가의 역할은 디자인 진흥, 산업의 인프라 구축과 거시적 지원이라 할 수 있다. 국가의 역할은 산업과 교육을 아우르는 국가적 디자인 위상과 홍보를 위한 대외적 역할로 집중되어야 한다. 또한 국가는 20~50년 앞을 내다보고 장기적 디자인 서비스산업의 기틀 마련과 정책 수립, 정부 부처별 산재해 있는 디자인관련 시스템의 단일화를 정책적으로 추진하는 기본계획이 필요하다. 정부의 주도적 디자인사업 및 운용방식만으로는 디자인산업 진흥에 별로 도움이 안 된다고 할 것이다.

## 2) 산업체 / 기업의 역할

산업체의 구성체인 기업의 역할은 시장 수요창출, 교육지원, 실용기술 개발, 적격성에 대한 검증 및 인증에 있다.

시장의 수요창출은 디자인산업과 교육 발전의 원동력이다. 이를 위하여 다양한 서비스산업을 지원 보조할 수 있는 자발적 전문성을 확보하고, 전문인력(디자인 전공자를 포함한)에 대한 기업의 구체적이고 계획적인 요구와 검증, 원천기술을 실용화하는 연구와 개발을 선도할 전문인력이 필요하다.

또한 원천기술 제공자인 교육기관과의 전략적 연계, 2, 3차 산업 미래 동력 산업과의 seamless 연계와 integration을 위해 디자인 기업의 개발 / 생산 / 유통 등 새로운 비즈니스 창출에 대한 투자, 기업이 원하는 인재와 전문인들 양성이 요구된다. 그리고 기업자격에 대한 적격성 검증과 인증을 중국디자인협회 등과 같은 디자인산업의 주체기업들이 스스로 평가, 관리하여 지속적으로 경쟁 발전할 수 있는 선순환적 구조를 구축하여야 한다.

## 3) 디자인 교육기관의 역할

디자인 교육기관의 역할은 원천기술 개발, 시대요구에 부합한 전문인력 양성 및 다양성에 대한 적응력 강화라 할 수 있다. 대부분 융합적인 교육의 틀은 각 단과대학간의 교류와 이해분야 확대와 비전 제시로 기술적으로 융합과 통합의 연계성 교육 시스템을 정책적으로 주도할 필요는 없다. 일부 유럽이나 미주 국가의 융합적 커리큘럼이 새로운 교육의 일환으로 비춰지나 실제 기업이 필요한 인재는 다양한 사고와 관점을 가진 전문인이다. 피상적인 모습, 즉 타 전공자의 디자인 참여, 디자인 기업 내의 다양한 부서와 다양한 배경의 사람들, 전통적 산업에 대한 서비스가 아닌 새로운 서비스 창출 사례 등을 보고 새로운 교육제도 모색도 중요하나 당면 현안은 가장 미흡한 기본적 전문성 수립, 즉 원천기술, 시대의 변화와 요구를 이해하고 대응하는 자발적인 인간, 세계 융화적인 시장에 적응 할 수 있는 경쟁력 즉 지역, 문화, 사회관계 등에 대한 이해를 가진 전문인력이 필요하다.

## 3. 중국 디자인 정책 방향의 의견

### 1) 총체적 발전전략의 수립

대부분의 응답자들이 국가는 기업의 활동을 통제하거나 기업이 할 수 있는 일을 정부가 주체가 되어 수행하기보다는, 폭 넓은 시각에서 근본적인 디자인 발전 전략의 설계를 하여 토대를 구축하는 역할을 담당해야 한다고 응답하였다.

"국가는 보다 근원적인 차원에서 디자인산업이 환경을 구상하려는 노력을 해야지 단편적인 제도 개선이나 매스컴을 통한 비스니스적인 추진을 해서는 안 된다고 생각합니다."

"미래를 예측한 장기적인 진흥전략이 필요합니다, 그리고 급속히 변화되고 있는 세계디자인산업 추세에 즉각 대응할 수 있는 시스템을 구축하는 것이 국가의 임무입니다."

"국가 경쟁력 강화를 위한 총체적 발전 디자인 정책 전략을 수립해야 한다고 생각합니다."

## 2) 국가 디자인 시스템 구축

응답자들 중 가장 많은 의견을 차지한 것은 국가 디자인 시스템을 구축하는 것이고, 이 시스템 아래는 반드시 산업 전문가가 포함되어 실질적인 정책집행 및 실행력을 담보해야 한다고 강조하였다.

"중국디자인 정책 방향을 위하여 국가차원과 국가디자인 시스템의 개념표현 모형 개발이 필요합니다."

"선진국가들은 국가적 차원의 디자인 시스템을 구축하였습니다. 예를 들어 영국, 핀란드, 한국 등."

"효율적인 시스템을 개발하고 시장 실패에 민감하지 않은 디자인 관련 중재를 개발하기 위해, 디자인 정책 입안자들이 디자인 시스템을 이해하고 관리해야 한다."

## 3) 국가 독립 디자인 진흥기관 설립

정부가 우선적으로 육성해야 할 디자인 영역은 국가디자인 정책을 전개하기 위해서 국가 독립 디자인 진흥기관을 설립해야 한다고 강조하였다.

"정부와 디자인 진흥기관이 목적이나 정책을 세우도록 지원."

"국가 주도 디자인 진흥기관 설립이 필요합니다."

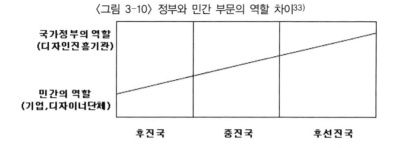

〈그림 3-10〉 정부와 민간 부문의 역할 차이[33]

### 4) 기타 의견

이외에 디자인 교육 과 연구 분야를 고려해야 하며, 국가적 제도를 확립하여 디자인전공과 관련된 연구를 강화해야 한다. 중국은 기초연구와 관련하여 지역 대학교들이 있으며 산업디자인과 관련하여 산업디자인연구원이 있지만, 이와 반대로 디자인 정책연구와 관련된 디자인 전문연구원이 없다. 현재 중국의 국가기관은 전문직과 장기적 연구기관이 없는 실정이므로 디자인을 논의할 여지조차 없다. 따라서 중국은 정책수립에 있어서 국가기관에 디자인과 관련된 책임자를 임명하여 연구를 실시해야 할 것이며, 미래를 내다보고 디자인 관련 연구주제 선정과 예산편성 및 연구원을 배정해야 할 것이다. 장기적으로 디자인 연구방안을 강구해야 한다.

또한, 디자인박물관과 디자인 자료은행의 설치는 장차 디자인 의식에 대한 중국 국민의 인식을 높이는 데 큰 영향을 주게 될 정책 영역이라는 의견도 있다.

---

33) 출처 : 남기주, 「디자인 진흥정책의 현황과 발전방안에 관한 연구」, 성균관대학교 학위논문(석사), 745.2-9-31(국회도서관), DM639.5-9-39=2(국립중앙도서관) 2009, 10쪽.

# 중국 디자인 경쟁력 강화를 위한 디자인 정책 구축방안

제4장에서는 디자인 경쟁력강화를 위한 정책현황에 대한 개선방향을 26가지로 분류하여 제시하였다. 본 장에는 인터뷰 결과와 제3장에서 추진하였던 디자인 결과와 신진국의 사례 분석결과 자료를 근거로 중국의 디자인 정책 구축방안을 제안하고자 한다.

## 제1절 개선방향 및 추진전략

### 1. 개선방향

중국은 현재 국가적 디자인 정책이 존재하나 정식으로 공표하지 않았기 때문에 정책이 모호한 상태여서 책임·집행자와 계획을 세우는 일부 사람들만 알고 있을 뿐 대중들은 디자인 정책의 존재 여부조차 모르고 있다. 그러나 영국, 독일, 일본 등 선진국에서는 이미 디자인 정책이 명확하게 공표되고 있다. 한국 정부도 1998년 대통령의 승인으로 디자인을 국가발전의 중요한 정책으로 지정하였다. 따라서 중국 역시 선진국과 같이 디자인 정책 확정에 장애되는 모든 요소를 극복하고 법률로 제정하여 여론조사 전문기관의 인정을 받음으로써 중국 국민들이 이해하는 진정한 디자인 정책을 수립해야 한다.

이 글은 중국 디자인 정책 상황을 분석한 결과 그동안 여러 가지 장단점이 있음에도 불구하고 문제점이 많다는 사실을 발견하였다. 정책 목표, 수단, 범위, 역할을 점검해야 하고 정책 형성과 실행의 여러 가지 요소들을 검토하여 바람직한 정책 진흥구조를 확립해야 한다.

중국정부가 선택적으로 집중해야 할 디자인 전략 과제로 통합 디자인 정책 추진체제 전개, 디자인 진흥기과 중점지원, 디자인 정책 연구 강화, 지역디자인 혁신, 기업지원, 디자인문화 확산, 디자인 전문기업 육성, 디자인교육 혁신, 디자인 인력양성 등 9가지 전략 방향과 21가지 추진전략 과제를 살펴보면 다음 <그림 4-1>과 같다.

〈그림 4-1〉 중국 디자인 정책 개선 방향

| **VISION** |
| :---: |
| 중국 디자인의 국제경쟁력 강화 |

| **추진 방향 설정 원칙** |
| :---: |
| 디자인 진흥정책 구현의 선진화 |
| 디자인혁신정책의 구축 |
| 디자인표준정책의 강화 |
| 디자인 지향적 정책의 설립 |

▼

| 기본방향 | | |
|---|---|---|
| 디자인 정책 & 지원제도 | 산업체 | 디자인 교육 |
| • 디자인 정책 추진 체계전개<br>• 디자인 진흥기관 중심지원<br>• 디자인 정책 연구 강화<br>• 지역디자인 혁신기반 확충 · 개편 | • 기업 지원<br>• 디자인문화 확산<br>• 디자인 전문기업의 육성 | • 디자인 교육혁신 강화<br>• 디자인 인력양성 |

| 전략과제 | | |
|---|---|---|
| 디자인 정책 & 지원제도 | 산업체 | 디자인 교육 |
| • 통합적 디자인 정책 기조 수립<br>• 글로벌 디자인 협조체계 구축<br>• 국가 디자인 시스템 구축<br>• 독립 디자인 진흥기관 설립<br>• 세계적인 디자인 성공사례 개발<br>• 민간의 디자인 활동 장려<br>• 지역 디자인 진흥의 특성화 개발 지원사업 확대<br>• 지역디자인센터의 디자인혁신 거점화 | • 디자인산업 지원<br>• 기업의 디자인 경영시스템 구축 지원 및 디자인 전문회사 지원<br>• 통합적인 디자인 진흥접 제정<br>• 디자인 보호제도의 개선<br>• 경력 디자이너 재교육<br>• 중소기업 디자인 집중 프로그램 운영<br>• 디자인 · 사업화 단계별 지원 프로그램 운영<br>• 중소기업을 위한 디자인 지원 확대<br>• 기업 경쟁력 강화를 위한 디자인 중요성 인식 | • 디자인교육 특성화 추진<br>• 국제적 교류 증대<br>• 전문인력 양성 사업 교육지원<br>• 디자인 전문화 교육 |

| 디자인 정책의 활성화 |
|---|

▶ 방향1 : 디자인 정책 추진 체계전개

정부주도의 디자인 정책은 디자인산업진흥을 위한 국가적 차원의 통합적 정책 수립을 의미하며, 단시간에 효과적인 지원과 성과 도출이 가능한 특성을 가지고 있다. 그러나 지나치게 정부정책 일변도로 추진해온 중국의 경우, 민간과 정부가 상호 의견을 교환할 수 있는 다중채널이 미약하였음을 지적할 수 있다. 의견 수렴이 약화되면 질적인 진흥활동보

다는 양적이고 실적위주의 형식적인 면만을 강조하게 되어 정책의 유효
성을 상실할 가능이 있어 행정 편의주의가 발생할 여지가 커지게 된다.

또한 정부 주도의 디자인 정책이 부처들 간의 협조와 조정으로 이루
어지지 못한 점도 들 수 있다. 현실적으로 디자인과 관련된 기관들이 다
양함에도 불구하고 상위개념의 디자인 정책 기구가 존재하여 통합적 관
리 방안을 제시할 수 있는 제도적 근거가 미약하였다.

중국은 전통적으로 중앙집권적인 정책 결정구조를 이루고 있기 때문
에 국가주도의 디자인 정책이 주를 이루고 있었으며, 지방자치가 실시되
면서 디자인 분야에 있어서도 분권화의 추세와 함께 지방정부의 지역문
화정책이 강조되고 있다. 중국의 디자인 정책은 일정 기조의 구성요소를
갖추어 이에 근거하여 구체적인 정책기구를 만들고 도입해야 한다. 이러
한 구성요소들은 일부 중복되나 정책의 영역을 수립하고 효과적으로 시
행할 수 있는 원동력이 되기 때문에 각각 규명할 필요가 있다.

▶ 방향2 : 디자인 진흥기관의 중점지원

디자인 진흥을 위해 중앙정부와 지방자치단체들 간 협조를 강화할 수 있
는 채널 역할이 필요하다. 특히 향후 디자인 진흥을 위한 핵심은 디지털 디
자인 역량을 강화하기 위하여 디자인 진흥기관의 위상의 재고가 필요하다.

중국에는 디자인산업의 발전에 중추 역할을 담당하는 국가 차원의 디자
인 진흥기관은 아직 설치되지 않았다. 국가적 차원의 디자인 진흥활동을
전담하는 진흥기관의 설립·운영은 디자인산업의 발전을 위해 매우 효과
적인 방법이다.[34] 국가차원의 디자인 진흥기관은 디자인 홍보를 위한 전
시행사나 이벤트에만 중시할 것이 아니라 주력 사업들 중 하나인 디자인

---

34) 정경원, 『사례로 본 디자인과 브랜드 그리고 경쟁력』, 전게서, 2003, 510쪽.

혁신 지원사업인 정부의 디자인 개발 등에도 활동을 강화하여야 한다.

▶ 방향3 : 디자인 정책 연구 강화

중국은 디자인의 체계적 기준이 없이 디자인 관점이 정부부처 및 지자체 별로 상이하여 사업간 연계성이 없이 개별적으로 추진되고 있으며, 이에 따라 비효율적인 유사사업이 중복적으로 추진되고 있다. 국가 차원의 디자인 정책의 선순환 구조를 마련할 필요가 있다는 점에서 볼 때, 디자인분야의 기초연구 축적은 정책 수립에 앞서 과학적이고 체계적인 연구를 통한 정확한 진단 및 분석을 제공하여 효과적인 디자인 정책 수립을 위한 선결과제이다.

영국이나 일본의 경우 디자인 정책에 대한 문제점을 점검하고 이 정책이 왜 필요한지에 대한 이유에서부터 앞으로 지향해야 할 방향에 대해 상세히 기록한 정책 제안서 형식의 보고서가 먼저 작성되고 그 제언을 토대로 정책을 실행하여 효율적인 정책안을 도출하고 있다. 중국이 디자인 선진국에 한발 다가서기 위해서는 모방자적인 위치에서 벗어나 선도자적인 위치에서 정확한 상황 진단을 통한 디자인 정책의 체계적인 연구 및 분석이 필요하다.[35]

디자인 정책의 연구기반 강화는 향후 국가차원의 총괄적 디자인 정책 수립을 위한 핵심요소이며, 이를 위해서는 체계적인 연구 수행 및 축적을 통한 정확한 현상 분석과 진단을 제공할 수 있는 기초적인 연구·조사가 필수적이다.

향후 중국의 디자인 진흥방향은 수요자 중심의 보다 효과적이고 실질적인 디자인 정책을 추진하기 위하여 디자인 기초연구·조사 및 이를 통

---

35) 허강수, 『글로벌 환경변화에 따른 디자인 정책 발전방향 연구』, 전게서, 2008, 60쪽.

한 정책수립이 가능하도록 디자인 정책 연구기반을 강화할 필요가 대두된다.

▶ 방향4 : 지역디자인 혁신기반 확충·개편

중국에서는 디자인 지역화를 촉진시켜야 한다. 전국을 연결하는 디자인 진흥 네트워크를 구축하여 균형을 이룬 발전을 도모해야 하기 때문이다. 지역별로 각기 다른 전통과 문화에 부응할 수 있는 디자인 진흥 활동이 전개될 수 있는 여건의 조성이 시급하다. 따라서 중국디자인협회는 2007년 중국 디자인 정책 계획의 일환으로 전국 주요거점에 지역디자인센터 건립을 추진해야 한다. 우선 중국디자인협회의 지원이 설치되어 있는 도시들을 중심으로 베이징, 상해, 광주 등 도시 RDC가 건립되고 있으며, 앞으로 여건을 갖춘 지방자치단체로 확대할 계획이다.

또한 디자인 정책 수립 시 학계전문가나 디자인 민간단체들의 의견을 적극 수렴할 필요가 있다. 중국 디자인 정책은 그동안 전시행정적인 단기 성과주의로 이루어져 온 경향이 강하고, 디자인 주무부서와 정책담당자의 잦은 교체와 비전문성으로 인해 일관된 정책 유지가 어려웠으므로 디자인산업의 발전을 위해서는 지역의 적극적 참여를 독려하여 체계적인 디자인 정책이 연구되어야 한다.

▶ 방향5 : 기업지원

선진국들의 디자인 지원사업의 공통된 특징은 기업의 디자인지원을 위한 다양한 전략을 추구하고 있다는 점인데, 궁극적으로 디자인을 통한 중소기업의 잠재적 역량 향상은 국가경쟁력 강화에도 기여할 수 있기 때문이다. 일본은 기업 디자인 지원이 디자인 정책의 큰 틀 중 하나이며 디자이너 파견 상담에서부터 판로개척에 이르는 종합적인 지원이 이루어진다. 그리고 영국은 지난 3년간 추진된 바 있는 유사 프로젝트인 Design for Business의 디자이닝 디맨드(Designing Demand) 프로그램을 시행하여 기업 디자인지원에 대한 새로운 방향을 제시해주고 있다.[36]

▶ 방향6 : 디자인 문화 확산

한 나라의 디자인 수준은 국민들의 디자인에 대한 이해도와 밀접한 관련을 맺고 있다. 좋은 디자인을 선별할 수 있는 국민들의 안목에 따라 국가의 디자인 수준이 좌우되기 때문이다. 이에 따라 그동안 정부는 디자인의 중요성을 널리 알리기 위해 국제 행사유치, 디자인의 날 선포, 각종전시 및 세미나 등 다양한 디자인 행사를 개최하였으며 언론 및 방송 통한 홍보도 게을리하지 않았다.[37]

▶ 방향7 : 디자인 전문기업 육성

글로벌 경제 확산과 세계 경제의 장기 침체에 따라 전세계적으로 기업의 양극화 현상이 심화되고 있는 가운데, 생존을 위해 디자인 기업의 대형화 및 경영 컨설팅·마케팅 등 타 분야와의 전략적 제휴·합병 사례가 증가하고 있다. 또한 디자인이 비즈니스 혁신의 동력으로 인식되면서 IDEO[38]와 같은 세계적인 디자인 기업들은 시장조사에서부터 시작하여 상품 및 서비스 기획, 생산과정, 마케팅 등 전 과정에서 혁신 컨설턴트로 활동하고 있다.[39]

---

36) 허강숙, 위의 책, 2008, 65쪽.
37) 이일규·김태완, 『디자인 정책, 21세기 국가 선진전략』, 세계디자인경영연구원, 2009, 271쪽.
38) IDEO : 미국의 대표적 종합 디자인 컨설팅회사로 디자인을 통한 비즈니스 혁신을 창출하는 새로운 디자인 비즈니스 모델을 개발함으로써 "디자인회사"가 아닌 디자인을 활용한 "종합 컨설팅회사"로 전환.
39) Design Korea 2005 보고서, 한국디자인진흥원.

▶ 방향8 : 디자인 교육 시스템 혁신 강화

중국 디자인교육 문제는 각 사업들이 단편적으로 추진되고 있고, 근본적인 교육체계 개혁에 대한 연구와 정책의지가 부족하여 이들이 종합적으로 시너지 효과를 창출하지 못하는 것이다. 디자인대학 특성화와 정규 대학 교육 실시는 각 대학교와 교육부, 지자체와 산업부, 아울러 분야별 산업체에 이르기까지 서로 다른 주체들 사이의 이해관계를 조율해야 하는 매우 복잡하고 까다로운 작업이다. 따라서 산업과 밀접한 연관 관계에 있는 디자인의 특성을 고려하여 디자인 전담부서가 있는 산업에서 디자인 교육 혁신을 위한 주도적 역할을 하여야 한다.

▶ 방향9 : 디자인 인력양성

디자인의 전반적인 질적 향상을 위한 교육뿐만 아니라 세계적인 스타급 디자이너를 양성할 수 있는 특수 교육과정 개설이 필요하다. 영재교육을 통하며 재능과 자질이 뛰어난 인력을 조기에 발굴 육성하며, 해외의 전문 디자인 교육기관에 유학할 수 있는 프로그램을 지원해야 한다. 또한 국제 디자인 행사에 중국의 디자이너들이 참여하여 자신의 업적과 자질을 홍보할 기회를 확대할 수 있는 인적 네트워크의 구축이 필요하며, 국제 디자인 학술지에 전문지식을 게재할 수 있는 연구역량 강화 시스템을 활성화하여 디자인의 성공사례 및 발전 지향적 지적수준을 고양하도록 지원한다.[40]

21세기 기업과 국가 경쟁력의 원천은 결국 "인재"이므로 디자인 교육의 근본적인 체질 개선은 그 무엇보다 중요하며 더 이상 미룰 수 없는 과제이다.

---

40) 정경원, 위의 책, 2003, 514쪽.

## 2. 중국 디자인 정책 추진과제

중국의 디자인을 진흥하기 위한 추진과제로 3가지 디자인 진흥정책 영역과 총 21가지의 디자인 진흥과제가 도출되었으며, 진흥대상, 신규/기존 확대 여부, 추진기간별 과제 특성을 정리하면 다음 <표 4-1>과 같다.

〈표 4-1〉 중국 디자인 정책 추진과제

| 영역 | 추진전략 | 추진 과제 | 과제 특성 | | |
|---|---|---|---|---|---|
| | | | 진흥 대상 | 신규/ 확대 | 추진 기간 |
| 디자인 정책 | 디자인 정책 추진 체계전개 | 과제1 : 통합 디자인 정책 기조 수립 | 정부부처/ 전문회사 | 신규 | 중장기 |
| | | 과제2 : 글로벌 디자인 협조체계 구축 | 정부부처/ 전문회사 | 신규 | 중장기 |
| | | 과제3 : 국가 디자인 시스템 구축 | 정부 | 신규 | 중장기 |
| | 디자인 진흥기관 중점 지원 | 과제4 : 독립 디자인 진흥기관 설립 | 선도 디자인 전문회사 | 신규 | 중장기 |
| | 디자인 정책 연구 강화 | 과제5 : 세계적인 디자인 성공 사례 개발 | 디자인 전문회사 | 기존 확대 | 중장기 |
| | 지역디자인 혁신기반 확충·개편 | 과제6 : 민간의 디자인 활동 장려 | 지자체 | 기존 확대 | 중장기 |
| | | 과제7 : 지역 디자인 진흥의 특성화 개발 지원사업 확대 | 지역디자인센터 | 기존 확대 | 중장기 |
| | | 과제8 : 지역디자인센터의 디자인혁신 거점화 | 지역디자인센터 | 기존 확대 | 중장기 |
| 산업체 | 기업 지원 | 과제9 : 디자인산업 지원 | 선도 중소 기업 | 신규 | 중장기 |
| | | 과제10 : 기업의 디자인 경영 시스템 구축 지원 및 디자인 전문회사 지원 | 선도 중소 기업 | 신규 | 중장기 |
| | | 과제11 : 통합적인 디자인 진흥법 제점 | 정부 | 신규 | 중장기 |
| | | 과제12 : 디자인 보호제도의 개선 | 정부 | 신규 | 중장기 |

| 영역 | 추진전략 | 추진 과제 | 과제 특성 | | |
|---|---|---|---|---|---|
| | | | 진흥 대상 | 신규/<br>확대 | 추진<br>기간 |
| 산업체 | 디자인<br>문화 확산 | 과제13 : 경력 디자이너 재교육 | 디자이너 등 | 기존<br>확대 | 중장기 |
| | | 과제14 : 중소기업 디자인 집중<br>프로그램 운영 | 선도 중소 기업 | 기존<br>확대 | 중장기 |
| | | 과제15 : 디자인·사업화 단계별 지<br>원 프로그램 운영 | 디자인<br>전문회사 | 신규 | 중장기 |
| | 디자인<br>전문기업의<br>육성 | 과제16 : 중소기업을 위한 디자<br>인지원 확대 | | 기존<br>확대 | 중장기 |
| | | 과제17 : 기업 경쟁력 강화를 위<br>한 디자인 중요성 인식 | 디자이너 등 | 기존<br>확대 | 중장기 |
| 디자인<br>교육 | 디자인교육<br>시스템 혁신<br>강화 | 과제18 : 디자인교육 특성화 추진 | 지자체 | 기존<br>확대 | 중장기 |
| | | 과제19 : 국제적 교류 증대 | 전문 디자인<br>회사 디자이너/<br>학생 | 기존<br>확대 | 중장기 |
| | 디자인<br>인력양성 | 과제20 : 전문인력 양성사업의 교<br>육지원 | 디자이너 등 | 기존<br>확대 | 중장기 |
| | | 과제21 : 디자인전문화 교육 | 지자체 | 신규 | 비교적<br>단기 |

▶ 과제1 : 통합 디자인 정책 기조 수립

디자인 정책의 수립은 한 국가의 디자인산업 발전을 좌우할 정도로 중요한 작업이므로 국가차원에서 심도 깊게 연구되어야 한다. 중국 디자인 정책 기조는 디자인 전반의 발전을 위하여 지향해야 할 방향성이기 때문에 실현 가능한 디자인 정책은 거시적, 미시적인 관점에서 장·단기 전략이 적절히 조화되어야 하고 국내외의 환경을 고려한 정책의 내용의 변화가 고려되어야 한다.

▶ 과제2 : 글로벌 디자인 협조체계 구축

세계적인 디자인 정보를 신속히 입수, 전파하여 디자인 우수성의 강화를 위한 글로벌 디자인 네트워크를 구축하고, 선진국과의 디자인 협력 프로그램 등을 활성화하여 첨단 디자인 기술을 도입하여야 한다. 또한 후진국을 위한 디자인 인력양성 연수 프로그램을 실시하고 디자인 기술을 이전할 수 있는 유기적인 협조체계가 필요하다.

▶ 과제3 : 국가 디자인 시스템 구축

국가 디자인 시스템(NDS)은 국가적 통합차원에서 디자인 인프라 구조와 개발, 그 구조가 다른 기관의 지원을 받고 통합되는 방식, 사회 경제발달에 미치는 영향 등을 분석하는 구조적인 틀이다. 이러한 국가 디자인 정책을 실행하기 위해서는 각 분야의 지식, 경험, 능력과 리더십을 가진 전문가들이 주도동해야 하며, 전문 디자인 협회, 자금 조달기관, 기타 지원 및 포상, 또는 디자인을 수용하는 개체뿐 아니라 재정 지원이나 정치적 영향력을 가진 조직도 포함되어 이들이 NDS의 구조적인 틀을 대표한다.

▶ 과제4 : 독립 디자인 진흥기관 설립

중국의 디자인은 1980년부터 지금까지 관계, 산업계, 학계의 공동 노력 하에 20여 년의 발전을 거듭해왔는데 디자인산업이 나라에 준 이익은 의심할 바 없다. 현재 국제적 경쟁이 심함에도 불구하고 디자인은 여전히 중국 전체 발전의 중요한 지표가 되고 있다. 그러므로 중국의 디자인 발전을 위한 선결과제는 정부부서와 독립된 디자인 진흥기관을 설립하는 것이다. 이러한 디자인센터는 중국 내 디자인산업정책을 완벽하게 추진하는 측면에서 볼 때, 국가 디자인 정책의 전문적 기구로 발전시켜 국가적 디자인산업의 발전을 견인할 수 있게 된다. 또한 법률적 규범을 거친 국가의 디자인 정책의 집행 능력을 향상시킬 수 있다.

▶ 과제5 : 세계적인 디자인 성공사례 개발

디자인의 성공사례 측면에서 중국의 디자인에 대한 신뢰는 취약한 실정이다. 중국 기업들의 독자적 디자인 개발의 성공사례가 드물며, 구체화된 연구사례가 거의 없다. 그런데 선진국의 사례들만 다루게 되면 상대적으로 중국 자체의 위상이 약화되고, 자신감을 상실하게 될 수 있다. 따라서 중국의 디자인 성공사례를 개발하기 위한 노력이 필요하다. 사례연구는 고도로 심화된 방법론을 바탕으로 합리적인 근거와 객관 타당한 데이터에 의해 뒷받침될 때에만 비로소 공감을 얻을 수 있다. 근거가 희박하거나 타당성이 결여된 기업이나 제품의 홍보수준의 사례는 오히려 신뢰성을 잃는 결과를 초래하게 된다.

▶ 과제6 : 민간 디자인 활동의 장려

디자인 진흥의 궁극 목표는 디자인산업의 자생력 기틀을 마련하는 것이다. 정부의 디자인분야 지원은 민간부문의 디자인이 국제 경쟁력을 확보하는 것이며, 궁극적으로 디자인산업 활성화는 민간부문의 디자인 능력에 좌우되기 때문이다. 따라서 디자인 진흥에서 민간부문의 비중을 늘려나가야 한다.[41]

베이징산업디자인추진협회(BIDPO)는 자체에 디자인 트렌드 공동개발센터를 운영하고 있으며, 산업디자인 관련 국제회의를 개최하는 등 활동과 그 결과를 전시회를 통해 발표하여 디자인계의 커다란 호응을 얻었다. 이러한 활동이 중국산업디자인협회(CIDA)가 추진하는 진흥활동과 조화를

---

41) 정경원, 『사례로 본 디자인과 브랜드 그리고 경쟁력』, 웅진북스, 2001, 515쪽.

이루어 시너지 효과를 거둘 수 있어야 한다. 또한 베이징 지역디자인창조센터(베이징 DRC)를 비롯한 디자인전문단체들의 활성화가 필요하며, 이러한 관점에서 DRC는 산업디자인 창의산업기지를 설립하여 베이징 10대 문화창의산업단지가 조성되었다. 이와 같은 전문단체들이 본질적으로 자율성을 바탕으로 하는 민간기구라는 점을 고려하여 합당한 지원방법을 모색해야 한다.

▶ 과제7 : 지역디자인 진흥의 특성화 개발지원 사업 확대

지방자치제도가 정착되면서 지역경제의 활성화 수단으로 디자인 활용의 필요성이 커짐에 따라 지역디자인 진흥의 특성화 요구 또한 증대되고 있다. 지역의 디자인 진흥활동은 지역 특성에 부응할 수 있어야 한다. 즉 특정지역의 경제, 산업구조, 문화, 전통 등을 충분히 반영할 수 있는 지역디자인센터를 중심으로 디자인 진흥활동의 특성화가 이루어져야 한다.

▶ 과제8 : 지역디자인센터의 디자인혁신 거점화

RDC가 지역디자인혁신의 거점 역할을 수행하고 RDC가 보유한 각종 인프라를 효과적으로 활용하기 위해서는 디자인 수요창출 및 발굴, 디자인개발 및 공급역량 집적, 디자인 창작물의 유통으로 이어지는 자생적인 디자인 네트워크를 형성해야 하다. 또한, 디자인 창작물의 유통 측면에서는 소비 및 유통의 중심지인 RDC가 설치되어 있는 지자체를 중심으로 하여 지역의 다양한 디자인 창작물이 전시 판매되고 일반 시민들의 문화 소비 공간으로서 자리매김할 수 있는 역할이 필요하다.

▶ 과제9 : 디자인산업 지원

기금조성, 세제지원 등 거시적 입장에서의 자금지원, 즉 서비스 의뢰

비 지원이 아닌 기술력, 인력 확충 / 연구 / 전문성 강화에 대한 전폭적인 지원 및 발전 지향적 인센티브 등을 지원하여 장기적으로 경쟁력 있는 산업군과 기업만을 키울 수 있는 지원정책이 시급하다. 모든 기업, 산업과 학교에 지원하는 것이 아니라 선택과 집중에 의한 디자인 진흥이 필요하다.

▶ 과제10 : 기업의 디자인 경영시스템 구축 지원 및
　　　　　 디자인 전문회사 지원

디자인을 통한 고유 브랜드의 육성과 수출 유망 상품개발 등을 위한 기업의 디자인 업무의 증가에 따라 독립된 디자인 부서의 설립 필요성이 커짐에 따라 설립 지원에 대한 정부정책 시행이 시급하다.

▶ 과제11 : 통합적인 디자인 진흥법 제정

중국의 현행 산업디자인 진흥법에는 디자인산업에 대한 구체적인 진흥 내용이 명시되어 있지 않은데, 이러한 중국 디자인 관련 정책과 제도는 제조업을 위한 지원 차원의 수준이기 때문이다. 정책과 제도의 직접 수혜자는 제조업체이고 디자인 기업은 디자인 진흥과 육성의 기틀로써 간접지원의 성격에 머물러 있다. 중국 산업디자인협회(CIDA)의 대부분의 사업도 직접 대상은 제조업체이며, 디자인 업체는 제조업체의 간접지원 형태이다. 따라서 현재의 산업디자인 진흥법을 개정하여 자금과 제도의 지원이 구체적으로 명시되도록 하여야 한다.

▶ 과제12 : 디자인 보호제도의 개선

국제적으로 WTO 지적재산권 협정과 EU 등 선진국의 보호제도 강화로 디자인 지적재산권과 관련한 분쟁 가능성이 증가됨에 따라 디자인 보호제도의 강화 필요성이 점증하고 있다. 중국 역시 자국의 디자인 개발을 통해 중국 디자인의 수준을 획기적으로 끌어올리기 위하여 디자인 보

호제도가 강화되어야 한다.

▶ 과제13 : 경력 디자이너 재교육

중국의 디자인전문회사에 재직하고 있는 디자이너는 대부분 2년~4년 이하 짧은 경력을 가진 디자이너인 것으로 조사되고 있는데 결과적으로 디자인 전문회사의 디자인 역량이 낮은 수준에 머물러 있는 것으로 예측된다. 기업의 영세성으로 인해 보유 인력에 대한 재교육 투자 또한 미흡하여 신기술 출현과 트렌드 변화에 성공적으로 대응하지 못하는 것이 현실이다. 따라서 디자인전문회사의 지속적인 성장과 글로벌 역량강화 지원을 위해서는 산업이 요구하는 디자인 기반기술에 대한 디자이너 재교육 사업을 확대 시행하여 전반적인 디자인 인력의 수준향상을 위한 펌프 기능을 제공해 주어야 한다.

▶ 과제14 : 중소기업 디자인 집중 프로그램 운영

개별 제품을 상품화하는 한정된 방식의 디자인 직접지원에서 탈피하여 디자인 도입을 통한 기업의 전략적 혁신을 간접적으로 지원·유도하기 위한 선도 중소기업 대상의 "디자인 집중 도입 프로그램"을 설치 및 운영해야 한다.

디자인 집중 도입 프로그램은 디자인 개발비용을 단기간에 직접 지원하는 방식이 아니라 1년 이상의 중장기간에 걸쳐서 다양한 사내연수 및 조언(mentoring) 등 서비스를 제공하는 간접지원 방식으로 운영해야 한다.

디자인 집중 도입 프로그램은 디자이너 및 디자인 경영 전문가로 구성된 디자인 자문팀을 중소기업에 우선 투입하고, 이를 통해 디자인 개선 기회에 대한 가능성 및 중소기업의 참여도가 높은 것으로 기대되는 경우를 지원 대상으로 운영해야 한다.

▶ 과제15 : 디자인·사업화 단계별 지원 프로그램 운영

디자인 사업화의 단계별 지원(투자) 프로그램 운영을 통해 디자인 사업화 대상 발굴로 부터 사업화에 이르는 과정을 단계별로 지원하여야 한다.

예를 들자면, 먼저 제1단계는 사업화 기회 발굴로 디자인 사업화 대상을 모색하여 사업계획서 작성과 타당성 분석을 하는데 기간은 6개월로 하며 최고 1억 원까지 예산을 지원한다. 제2단계에서는 디자인 사업화를 위한 기업설립을 지원한다. 제1단계 통과 사업화 과제에 대해 법인설립을 전제로 2년간 최고 10억 원까지 지원한다. 제3단계에서는 추가 투자 지원 여부를 결정 시행한다.

이후 단계별 사업화 성과를 모니터링하며 추가 지원사안과 연계를 모색 검토한다.

▶ 과제16 : 중소기업을 위한 디자인 지원 확대

중국디자인 정책에도 중소기업을 대상으로 하는 디자인 지원제도가 있지만 다른 지원 사업보다는 낮은 비중으로 이루어져있고, 신기술이나 미래 유망상품이 주 대상이기 때문에 기업의 수요 상황에 맞는 다양한 단계의 지원정책 이 요구되고 있다. 예를 들어, 영국의 디자인 디멘드(Design Demend) 사례에서 볼 수 있듯이 기업이 처한 상황들은 다양하기 때문에 획일적인 지원정책이 지향되어야 하며 기업들이 필요한 서비스를 선택할 수 있고 R&D 비용을 환급 받을 수 있는 세제지원도 강구되어야 한다.

추가적으로 중소기업들이 해외에 진출하여 제품개발을 할 경우 현지에 맞는 디자인전략, 컨설팅, 프로모션, 판로 개척까지 기업의 상황에 맞게 종합적으로 이루어질 수 있는 디자인 지원서비스의 도입도 고려되어야 한다.[42]

▶ 과제17 : 기업 경쟁력 강화를 위한 디자인의 중요성 인식

경영자를 포함한 기업 스스로 기업 경쟁력의 핵심요소로서 디자인의 필요성을 재고하고 지원제도에 대한 관심과 대학의 연구개발 능력을 활용하는 등 자발적인 참여 확대를 위하여 산업체 구성원들의 디자인에 대한 중요성 인식이 필요하다.

▶ 과제18 : 디자인교육 특성화 추진

2000년에 발간된 "중화인민공화국 문화부 미술학부 2000년 입시 디렉터"에서는 중국의 각 미술학교들은 학생모집, 교과과정, 양성목표 등의 내용이 대부분 일치함을 나타낸다.[43] 각 대학의 커리큘럼이 이처럼 유사한 것은 중국의 실정과도 비슷하다. 중국은 다른 나라에 비해 지역적으로 가깝고 문화나 민족이 확연히 다른 것은 아니나, 소수민족이 많고 지역의 문화나 산업이 각 지역별로 특성이 비슷하다는 것은 "교육의 다원화 및 토착화"가 필요하다는 것을 의미한다.

▶ 과제19 : 국제적 교류 증대

최근 중국의 중앙정부 및 각 대학들은 디자인의 국제적 교류 확대를 위하여 다양한 국제회의 및 전시회, 공모전을 직접 개최하거나 디자인 전문가의 해외 연수를 제공하며 해외 유명강사를 초빙하기도 한다. 그러나 이러한 활동도 중요하지만 디자인 전공 학생들에게 해외 교육과 연수의 기회를 확대하여야 한다.

---

42) 허강수, 위의 책, 2008, 66쪽.
43) 한국산업지원부, 『한국디자인의 중국 진출 연구』, 한국디자인진흥원, 2003, 167~168쪽.

▶ 과제20 : 전문인력 양성사업의 교육지원

실무적인 산업경험의 축적이 취약한 교육을 보완하기 위하여 디자인 전문가의 적극적인 교육 참여 프로그램 운영이 필요하다. 디자인 전문인력은 미래 산업에 적합한 인재상으로 다양한 사고와 경험을 가진 교육자와 교수법에 의한 육성이 가능하다. 이미 발전하는 산업의 형태에서 도출된 현상대응 차원의 교과과정 운영은 일반학원 단계의 교육이라 할 수 있다. 디자인 전문인력 양성을 위하여 산업계의 참여가 디자인산업 발전의 필요불가결 요건이며, 적극적인 산업계의 교육 지원 및 참여를 유도하기 위한 정부의 정책과 재원 지원이 필요하다고 본다.

▶ 과제21 : 디자인 전문화 교육

최근 중국의 대학들은 디자인학과의 설비나 시설 투자에 비교적 관심을 가지고 있으나 여전히 세계수준에 훨씬 미치지 못하는 실정이다. 디자인 분야는 새로운 기술, 정보통신, 새로운 프로그램의 개발 등과 밀접한 연관이 있으므로 이러한 전문적인 기술의 습득결과는 디자인의 질적 수준에 영향을 미치고 있다.

## 제2절 중국 디자인 정책 실행 방안

### 1. 통합적 디자인 정책 기조 수립

어떠한 디자인 정책이라도 일정한 기조 구성 요소를 갖추어야 하며, 이에 따라 구체적인 정책 장치를 만들고 도입해야 한다. 이러한 기조 구성 요소들이 어느 정도는 겹치기도 하지만, 바로 이것이 정책의 영역을 수립하고 효과적으로 시행하는 주체이기 때문에 각각 규명할 필요가 있다.

디자인 정책의 기조는 국가 경제의 경쟁력 재고를 위한 수단의 측면에서 '디자인 진흥(Design promotion), 혁신 정책(innovation policy)' 그리고 국가의 효과적 내부 통치를 위한 수단의 측면에서는 '디자인 지향적 정책(policy as designed)'과 '디자인 표준(design standards)'으로 구분하여 볼 수 있다. 다음 <그림 4-2>는 중국 디자인 정책의 기조 요소들을 간략히 설명한 것이다.

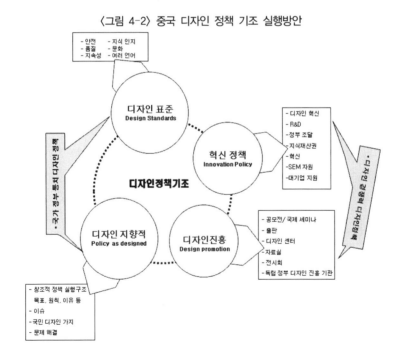

〈그림 4-2〉 중국 디자인 정책 기조 실행방안

선진 디자인산업으로서의 정책기조를 갖추기 위해서는 다음과 같은 중국 디자인 정책 기조가 수립되어야 한다.

첫째, 디자인 표준의 개발이 필요하다. 사업계획 수립에 있어 디자인 산업 안전이나 품질을 민간부문의 디자인 투자수준 재고, 디자인 활동 활성화, 수요 창출 문화 등으로 연결할 수 있어야 한다. 현재 중국 정부 각 부처가 시행하는 디자인산업에서 사업 표준이 파급효과를 일으키지 못하고 가시적 효과를 창출하는 데 지속적인 기간이 필요하더라도 장기적인 성과창출을 위한 정책 기조가 필요하다.

둘째, 선진 디자인인 디자인 지향적은 창조적 정책 실행구조, 목표, 원칙, 이슈 등 많은 지원 체계가 필요하다. 국가의 디자인 정책에 대한 구조는 매우 중요하다고 할 수 있는데, 중국 디자인 정책 구조는 효과적으로 추진할 수 없는 구조이며, 정책 체계는 잦은 사업의 지속성과 효과적 혁신적 추진이 곤란한 실정이다. 사업에 참여하는 정부 부처는 물론, 산업계, 교육계, 기업계 및 진흥기관 등을 통하여 역량 개발, 축적이 이루어 질 수 있도록 정책의 구조적인 배려가 필요하다.

셋째, 선진 디자인산업의 발전을 리드할 수 있는 혁신정책으로 참신한 사업의 개발과 더불어 추진 사업의 효율화를 통해 내실을 기해야 한다. 특히 대기업과 중소기업간 자원의 R&D 정책기조가 필요하다. 디자인혁신, 디자인 정책, 실행 역량 등의 문제를 개선하지 않고서는 향후 중국 디자인의 목표 달성이 어려운 현실이다.


## 2. 디자인 정책체계 실행 방안

디자인 진흥기관의 구조는 경제적 경쟁을 위한 측면의 디자인 정책과는 다르다. 일차적인 의도는 정부기관과 관리 구조를 통합하여 일반 소비자의 요구를 수용하는 측면에서 사회제도를 이해하는 방법으로 디자이너를 교육시켜야 한다. 중국 정부기관은 이미 디자이너를 의사소통 부서 직원으로 통합하고 있는데 디자이너와 전략과 정책부서의 통합 의도를 나타낸 것이다. 정부 통합의 핵심활동은 디자이너와 디자인 매니저를 모든 분야에 배치하고 디자이너를 위한 실제 공동체를 지원하며 디자인과 정부의 직원심리파악 부서의 순위를 규정하는 것이다.

디자인 과정의 핵심 의도는 정부 기준과 통합하고, 안전, 지속가능성, 통합, 품질 등 디자인 기준의 실제 효과를 입증하며, 최고의 관행과 기준에 따라 디자이너와 비 디자이너를 훈련하는 것이다. 디자인 정책 모형은 국가 내부와 국제적인 차원에서 강력한 정치적과 제도적 존재를 바탕으로 하며 조화로운 방식으로 디자인 지원 프로그램을 계획 실행하는 국가와 지방의 구조, 국가 정부, 진흥기관 개발, 디자인센터, 창업 지원 기구 등 통합된 제도이다.

이 글의 연구는 국가적 차원의 디자인 정책을 연구하고 개발과 실행에 대한 대안 모형을 실험하려는 의도였다. 중국 정부가 글로벌 시대의 치열한 경쟁 속에서 디자인 정책을 개발하기 위해서는 기업 분야와 긴밀한 협력을 통해 국가 기업 지원 프로그램과 디자인 정책 모델 개발에 기여하게 될 것이라 생각한다.

또한 중국정부는 디자인 정책을 구성하는 요건을 제대로 갖추고 정책적 변수들이 상호 관련되도록 하여 효율적인 정책 수립과 집행이 되어야 한다. 각 부처에서 제시된 디자인 정책 요소들이 재정립되었을 때 향후 국가 경영전략과 접목하여 새로운 디자인 정책과 전략을 수립할 수 있다. 지역의 균형발전 측면에서 지역디자인 정책 활성화를 위한 기반 구축으로는 <그림 4-3>과 같이 지역 클러스터를 구축하여 디자인산업을 활성화할 수 있는 중국 디자인 정책 체계가 마련되어야 한다.

〈그림 4-3〉 중국 독립된 디자인 정책 진흥기관(NDC) 구조 방향

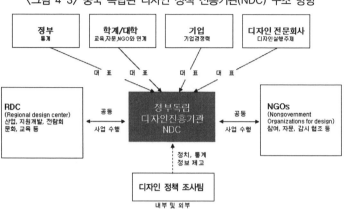

〈그림 4-3〉에서 보면 국가 중앙정부가 설립하는 디자인 진흥기관은 재정 상황이 좋은 베이징과 수도권으로 편중되는 디자인 사업을 전 지역이 질서 있고 조화롭게 발전할 수 있도록 지역개발 사업에 집중하고, 시장체제에서 소외되기 쉬운 문화, 교육정책을 수립하고 예산을 집행하는 곳으로 변모해야 한다. 동시에 중앙부처 중심의 진흥사업보다는 지자체별로 민간기구의 운영을 활성화하는 방향을 모색하고 지원을 강화하며, 각 지역별 디자인 진흥사업의 독자적 운영이 가능하도록 보조하는 몫을 맡아야 한다.

또한 행정관료가 결정하던 디자인 정책 수립방식을 다양한 민간단체(NGOs)의 관계자들이 참여하여 의견을 제안할 수 있는 형태로 변화하여 궁극적으로 관이 주도하지 않아도 민간의 자발적이고 다양한 디자인 진흥사업이 추진될 수 있도록 해야 한다. 국민의 삶의 수준이 향상되는 것, 혹은 모든 산업체가 디자인의 중요성을 깨닫고 자발적인 디자인 개선사업을 활발히 펼쳐 제품 경쟁력을 높이는 것, 다양한 문화가 공존하며 궁

극적으로는 중국이라는 디자인 진흥 아이덴티티를 조화롭게 드러내어 디자인 문화가 꽃필 수 있도록 하는 것이 중국정부가 추구하는 디자인 진흥정책의 최종 목표가 되어야 할 것이다.


## 3. 국가 디자인 시스템 구축

국가 디자인 시스템(NDS)은 국가적 통합차원에서 디자인 인프라 구조와 개발, 그 구조가 다른 기관의 지원을 받고 통합되는 방식, 사회 경제 발달에 미치는 영향 등을 분석하는 구조적인 틀이다. 이러한 국가 디자인 정책을 실행하기 위해서는 각 분야의 지식, 경험, 능력과 리더십을 가진 전문가들이 주도해야 하며, 전문 디자인협회, 자금 조달기관, 기타 지원 및 포상, 또는 디자인을 수용하는 개체뿐 아니라 재정 지원이나 정치적 영향력을 가진 조직도 포함되어 이들이 NDS의 구조적인 틀을 대표하며 이 구조적인 틀을 이해하는 것은 그 개발에 영향을 미치게 될 전략을 개발하는 것이다.

<그림 4-4>는 디자인 지원 프로그램, 디자인 홍보 프로그램, 디자인 교육 이 국가적 디자인 자원 활용을 돕기 위해 서로를 지원하는 NDS 도표이다.

NDS를 이해하기 위해서는 이러한 부분이 조화롭고 논리적으로 운영되어 회사가 디자인에 투자할 환경 조성으로 이해해야 한다. 정부 정책은 규정, 지적재산권, 경쟁적 환경 등을 통해 이 환경을 보장해 주는 위치에 있는데, 이런 맥락에서 정부 역시 수요와 공급의 성장을 조정하여 포상 제도를 통하여 회사에 투자를 유도할 수 있다.

디자인 정책은 곧 디자인과 국가와의 관계를 설명하는 것이라고 할 수 있겠는데, 거시적인 관점에서 보면 정책의 주체와 대상은 국가이며, 국민을 위해 디자인으로 할 수 있는 일이 곧 디자인 정책이라 할 수 있다. 또한 디자인 정책 진흥의 내용, 목표, 조직, 구조는 디자인에 대한 이익뿐 아니라 정부의 디자인에 대한 인식, 활용예산 등에 따라 결정된다. 디자인 진흥은 민간분야와 공공분야뿐 아니라 일반 대중을 대상으로 한다. 디자인 정책, 교육 연구, 디자인전문기관의 역할, 국가시스템 등 중국 디자인 정책 방향은 아래 <그림 4-4>와 같다.

<그림 4-4> 중국의 국가 디자인 시스템 구축

중국의 디자인 정책 방향은 <그림 4-4>의 1, 2, 3단계에서 나타난 바와 같이 대중 주도권이라 할 수 있다.

제1단계에서는 국가 디자인 정책과 지원기관을 통해 디자인 활용을 강조하고 경쟁력을 높일 수 있다. 디자인 진흥을 위하여 여러 가지 방법을 사용하여 디자인의 이익에 대한 인식을 높이려는 목적을 공공 전시,

시상제도, 출판 같은 광범위한 홍보 활동으로만 제안한다.

제2단계에서는 산업체 지원(기업)으로 비즈니스 분야를 위한 지원이며, 중국 중소기업의 경우가 해당된다.

제3단계에서는 디자인 교육을 위한 연구, 교육·연수 프로그램이 포함된 정책을 채택하는 것이며, 최대 효과를 거두기 위한 제도의 실행은 전략적 계획이나 정부의 정책으로 결정된다.


## 4. 산업체 지원 체계 실행방안

유명 디자인기업의 중국 진출에 따라 디자인 기업 간의 경쟁도 치열해질 전망인데 이에는 디자인산업기반 조성정책이 필요하다.

첫째, 지방자치단체의 출연 및 투자에 관한 지원근거를 마련하고 디자인산업의 진흥시설 지정 및 진흥단지가 조성되어야 한다.

둘째, 산업별 형성된 클러스터와 디자인을 연계하여 집단화 정책과 기술이나 상품별로 집단화하여 경제적으로 극대화 할 수 있는 디자인클러스터 조성정책이 필요하다.

셋째, 특정지역에 국내외 우수 디자인 기업들이 모인 디자인 통합단지와 디자인 기업들 간, 또 관련기업과의 협력 사업이 수행가능하고 친환경적·최첨단 단지조성으로 디자인 체험, 디자인교육, 관광 등 명소와 가능한 디자인 파크 조성정책이 필요하다.

대기업은 전문기업과의 협력과 아웃소싱 확대와 중견 디자이너의 중소기업 파견 등, 대기업, 중소기업의 상생협력 모델 개발이 필요하다. 디자인 전문기업이 저가경쟁 지양 및 인수합병 등을 통한 규모의 중·대형화와 분야별 전문화 정책이 필요하다. 또한 전문회사의 자체 역량강화

유도를 통해 중국 디자인산업의 질 향상 및 디자인 주도 시장을 조성하
는 정책이 필요하다.44)

〈그림 4-5〉 중국 산업체 디자인지원 정책 체계45)

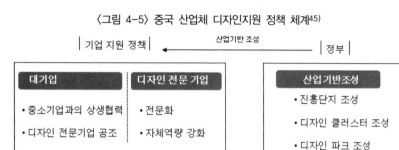

| 기업 지원 정책 |　　　산업기반 조성　　　　　| 정부 |

| 대기업 | 디자인 전문 기업 | 산업기반조성 |
|---|---|---|
| • 중소기업과의 상생협력 | • 전문화 | • 진흥단지 조성 |
| • 디자인 전문기업 공조 | • 자체역량 강화 | • 디자인 클러스터 조성 |
| | | • 디자인 파크 조성 |

## 5. 선진 디자인교육 혁신 구축 실행방안

20세기 제조업 기반의 기업을 지식기반의 가치창출 기업으로 혁신하
고, 지식기반 서비스 산업분야가 요구하는 21세기 산업현장 맞춤형 디자
인 인재육성을 위해 기업과 대학이 우수인재 채용계약을 맺어 대학은 기
업 맞춤형 교육을 실시하고 우수학생은 졸업과 동시에 참여기업에 채용
연계 될 수 있는 교육제도를 보급하고 지원하는 사업이 필요하다.
　중국 선진 디자인교육 확대를 위한 추진전략은 다음과 같다.

　　－미래 오리엔테이션을 통하여 다가올 미래에 대한 위협과 기회를 전달
　　－연구와 교육현장, 기업 등에 동등한 지원을 하여 디자인 사고를 통

---

44) 최명식, 「한국디자인 행정체계의 개편과 정책방향에 관한 연구」, op.cit., 151쪽.
45) 출처 : 최명식, 「한국디자인 행정체계의 개편과 정책방향에 관한 연구」, 국민대학교 학
　　위논문(박사), 3(한국학총서 5), 국회도서관, 2009, 153쪽.

합한다.

-디자인 연구의 우수성과 디자인 리더십

-디자인 지원기술 형성

-디자인 과정, 방법, 미래 정책 결정자(대학생)와 타당성 지도

〈그림 4-6〉 선진 교육 추진 체계[46]

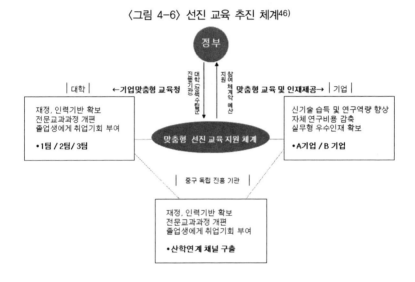

## 1) 대학교

대학교 디자인 관련학과 4학년생 대상으로 현장실무 교육과목을 개설하거나 계획 중인 대학교로, 본 사업을 통해 학점인정 및 우수기업과 연계한 기업 맞춤형 교육 후 우수학생을 해당 기업에 채용, 연계가 가능한 대학교에 맞춤형 교과과정을 설계토록 한다.

---

46) 출처 : 한국 디자인 교육 추진 체계, 한국디자인진흥원.

## 2) 기업

대학교 디자인 관련학과와 연계하여 기업 맞춤형 교육 후 우수학생을 채용할 수 있는 계획과 기반을 갖춘 기업 및 전문회사 등이 지원 대상으로 선정되면 기업 맞춤형 교육에 소요되는 총사업비의 100%를 정부가 지원하며 교육 후 우수 교육생의 인턴비용을 지원한다. 중국은 현재 디자인의 전반적인 수준향상을 위한 교육 못지않게 세계적인 스타 디자이너를 양성할 수 있는 특수 교육과정의 개설이 필요하다. 재능과 자질이 뛰어난 인력을 조기에 발굴하여 영재교육을 실시하고 해외의 디자인 전문 교육기관에 유학할 수 있도록 지원해야 한다. 또한 국제적인 디자인 행사에 중국의 디자이너들이 초빙되어 자연스럽게 자신의 업적을 홍보할 기회를 넓히고, 국제적인 디자인 학술지를 통하여 디자인의 성공사례가 수록될 수 있도록 지원한다.

## 제3절 디자인 정책 수립과 실행 고려요건

디자인 정책 수립에 있어 고려할 요건은 디자인 예산투입의 민간부문 투자수준 재고, 디자인 활동 활성화와 수요창출 등으로 연결할 수 있는 '성과창출 메커니즘'의 개발이 필요하다. 대부분 사업진행에서 사업예산은 간접효과 내지 파생효과를 거두지 못하고, 1차적인 사업대상에게 바로 흡수되는 현실이다. 따라서 가시적 효과를 창출하는 데 다소 기간이 소요되더라도 성과창출 메커니즘에 대한 깊은 고민과 검토가 필요하다.

## 1. 혁신적 사업개발과 기존사업의 효율화

디자인 분야의 발전을 선도할 혁신적이고 참신한 사업의 개발과 동시에 기존 사업의 효율화로 내실화를 도모해야 한다. 중앙과 지역, 대기업과 중소기업, 정책수립과 수행 간 실질적 괴리(gap)를 충분한 고려 없이 정책이 현실에 너무 앞서 나가는 경향이 없지 않다. 그리고 지역 실행주체의 실행역량 결여의 개선 없이는 정책목표의 달성 및 사업성과의 개선을 기대하기 어렵다고 할 것이다. 프로젝트와 지원사업의 차별화 선도 혁신 추구형 프로젝트와 지원사업간에 대상 및 지원방식의 차별화가 명확하여야 한다. 애매모호한 사업추진은 관련 기업들에게 부정적인 인식을 초래하는 것이 현실이다. 선도·혁신 추구형 프로젝트는 기업규모, 지역균형 등에 대한 고려보다는 실행역량을 고려하여 실행함이 타당할 것이다.

## 2. 기존 추진사업의 현실적 조치와 학습효과

기존에 진행되고 있는 사업은 성과와 미래 창출 가능성을 고려하여 효율화 내지 사업철수 등의 과감한 현실적 조치가 필요하다. 어차피 성과창출이 어려운 사업, 수행주체의 의지결여 사업에서는 매몰비용을 최소화함이 필요하며, 실패원인에 대한 면밀한 검토와 공유를 통해 사업의 성과로 연결될 수 있는 방안을 모색해야 한다. 또한 디자인 담당자들에 대한 보다 체계적인 교육과 업무지원, 협조가 필요하다. 대부분 지역 및 유관기관의 경우 디자인 관련 사업을 제대로 이해하고, 효과적으로 추진할 수 있는 역량과 경험을 갖춘 인력의 보유가 어려운 상태이며, 그나마도 수시로 교체되어 사업의 효과적 추진이 곤란한 실정을 고려해야 한다. 사업에 참여하는 개인은 물론, 지역 내 유관기관 간 연계·협력 등 기관 및 지역수준에서도 시행착오와 학습을 통한 역량개발·축적이 이루어질 수 있도록 배려가 필요하다.

## 3. 운영예산 지원

사업계획 구축단계에서의 소프트웨어 투자 및 인건비율의 현실화가 필요하다. 사업예산의 상당부분이 하드웨어적 투자에 투입되어 실제 이를 운용하고 성과를 창출할 수 있는 고급인력의 확보 및 유지에 어려움이 초래된다. 구축 이후 운영단계에 대한 운영비 지원에 대한 논리적 타당성에도 불구하고, 구축이후 정부지원 중단은 정부지원에 의한 기 구축분 마저 제 기능을 다하지 못하고 유명무실해지는 결과를 초래하는 것이 현실이다. 부문별 수립된 사업계획을 평가하여 해당 부문에 예산을 지원하고 매칭비율은 사업의 특성을 고려하여 차별적으로 적용하는 것이 바람직하다.

## 4. 사업방식의 차등 적용과 주체역할 구분

디자인 사업의 발전단계를 고려한 사업전개 방식의 차등 적용이 필요하다. 새로운 개념과 방식의 사업, 즉 초기·도입 단계의 사업과 1차적 시범사업 내지 도입단계를 거친 사업의 접근 방식은 달라져야 한다. 도입단계의 사업의 경우, 생소하고 혁신적 성격이 강한 사업일수록 초기 투자를 최소화하는 대신 다수의 시범사업 전개를 통한 탐색적 사업전개가 효과적이다. 탐색적 전개를 통해 효과적 추진방안에 대한 상당 수준의 정보와 경험이 축적되면, 소위 성공사례를 토대로 하여 최적의 전략을 도출하고 적용한다. 또한 디자인 수요를 반영한 현실에 부합하는 디자인 정책을 수립토록 하고, 이를 심사하여 지원해야 하는데, 정부의 관련 부서는 디자인 정책수립의 방향성 및 기본 가이드라인만을 제시하고, 구체적인 사업의 내용은 해당 주체들이 작성토록 유도함이 타당하다.

# 제5장 21세기의 디자인 경쟁력 강화 - 중국!

세계 산업 환경의 변화에 따라 중국의 산업은 최근 급속도로 변하고 있다. 중국 정부 역시 이러한 시대적 변화에 적응하기 위해서 많은 노력을 하고 있으나 어떤 정책을 수립하여 시행했는지 분명하지 않으며, 다양한 전문가 집단이 참여하지 않은 상태에서 정책이 진행됨에 따라 적지 않은 부작용과 혼란이 야기되고 있다. 중국은 "세계의 공장"으로서 중국생산에서 중국디자인으로 이동 중이며 고투자, 고차원 기술, 저비용을 기반으로 디자인 능력을 형성하는 데 많은 노력과 자원을 투자하고 있다. 중국의 기업들은 상품과 서비스에 대하여 디자인이 창출할 수 있는 가치에 대해 공감하고 있으며, 수반된 마진율보다 가치증진과 이익창출에로 이동 중이다.

따라서 본 연구는 국제 경쟁력 강화를 위한 중국 디자인 정책과 전략의 참여 주체별 실태 및 국내·외 디자인 정책에 대한 사례를 조사하여 분석하였다. 중국의 디자인 정책 수준은 어느 정도일까? 각종 조사결과에 따르면 중국의 디자인 정책은 영국, 핀란드, 한국, 일본 등 주요 선진국가의 모방 수준이다. 중국 정부는 적극적으로 디자인 정책 시스템의 문제점을 도출하고 근본적인 체질 개선이 필요하다.

또한 디자인 정책기관과 지원제도, 산업체, 디자인교육의 경우 제도적인 문제로 일방적인 정부주도 관리감독과 형식적인 운영이 태반으로 부처별, 지원기관별 실태를 분석하였다. 이 글에서는 "중국 경쟁력 강화 및 디자인 정책과 전략 방안"에서도 국가 차원의 통합적 디자인 정책 시행을 제시하였다. 향후 전략적인 디자인 정책 추진 3대 항목은 다음과 같다.

디자인 정책과 지원제도는 결과적으로 선진 국가의 디자인 정책 사례에서 살펴보았듯이 디자인이 전략적 측면에서 국가 경제에 미치는 영향은 지대하다. 이에 이 글에서는 선진 국가들의 디자인산업 및 디자인 정책과 산업적 맥락의 관련성을 알아보고 중국의 디자인 정책방향을 제시해 보았다. 디자인 정책은 미리 규정된 포맷을 따르지 않는다. 정책은 정부의 디자인 참여도뿐 아니라 정치, 경제적인 구상에 따라 국가마다 다르게 나타난다. 대부분의 국가는 고립된 주도권을 통해 디자인을 구상하여 프로그램을 전략적이고 효과적인 방안으로 통합하지 못하는 바, 이는 국가적 디자인 시스템과 디자인 정책이 조직적이고 전체적인 디자인 접근법이 중요하다는 것을 보여준다. 특히 정부의 디자인 정책 제도를 분석하여 문제점을 발견하고 개선안 제시가 필요하였다. 정부의 정책수립 담당자는 자신의 재직 기간 동안 실현 가능한 가시적 성과 위주의 사업에 집중하는 경우가 많아 단계적 시행과 관리가 필요한 장기 정책과제들은 뒷전으로 밀려나고 있다.

선진국과 중국에 대한 산업체의 디자인산업과 디자인 정책을 분석해 본 결과 중국이 디자인을 산업 기술적 측면에서만 다루고 있는 현재의 상황도 문제이다. 중국정부는 디자인산업의 필요와 욕구 파악이 미흡하고 정부 정책의 지원이 취약하다. 예산의 활용에서도 핵심역량 배양에 필요한 투자가 소홀한 실정이다. 중소기업을 위한 디자인혁신 기술개발 지원 사업의 경우 소액 다수 과제 지원방식으로 운영되어 왔고, 디자인 기반확충을 위한 기술 개발사업과 같은 기초 연구과제 실효성이 미흡했다. 디자인산업의 중요성이 증대되고 그 인식 또한 확대되고 있는 긍정적 환경이 조성되고 있음에도 불구하고 정부의 디자인분야 R&D 투자, 디자인 기술개발, 디자인 기반 구축을 심각히 고민해 봐야 한다. 이러한 관계를 바탕으로 중국 디자인 정책의 모델을 제안하여 디자인 정책의 도출을 위한 잠재적인 선택사항을 요약해 보았다.

디자인교육의 가장 큰 문제점은 사업과 괴리된 교육시스템, 전문 인력 양성사업 교육지원 결여이다. "중국 경쟁력 강화를 위한 디자인 정책의 전반적인 강화"를 위한 계획, 실행 방향 및 디자인 교육을 위해 전문기관과 대학교육의 혁신이 강화되어야 한다.

중국 및 국가별 디자인 정책의 사례연구를 종합하여 본 연구에서는 이와 같은 결과를 바탕으로 다음과 같이 제안하였다.

첫째, 비교적 독립적인 디자인 진흥기관의 설치 방법을 결정하고 그런 다음 정부가 적극 지원해야 한다. 디자인의 성격상 관료적 제도나 행정적 형태로 제한할 수 없는 자유로운 분위기와 창조적 능력을 강화해야 한다. 하지만 이 경우 정부의 최고책임자가 직접 관할하는 디자인 컨설팅기관을 설립하여 정부의 적극적인 지원제도를 확보할 수 있도록 체계적인 지원이 필요하다고 본다. 이 시기에 컨설팅기관은 정책기관이 관료주의의 역할을 벗어나도록 도와주어야 한다.

둘째, 정부 차원이나 정부기관 차원에서 정부 단체의 하위부처로 디자인부서를 설립하는 것이다. 이를 통해 부서들 간 운영에 적응하고 체계적인 정책을 만들어 시행할 수 있다. 즉 계층적 특징의 행정구조 안에서 디자인 정책의 중심이론 유지와 관리방법이 우선 강구되어야 한다. 하지만 일부 디자인 정책제도를 담당한 사람과 정책을 수립 시행할 핵심 직원이 디자인을 충분히 이해하고, 다양한 지식을 가진 디자인전문가 집단으로 구성되는 새로운 정부기관으로 운영된다면 활성화될 수 있다.

셋째, 중국 국민과 국제 경쟁력 강화에 대한 디자인 정책 인식을 공유하며 디자인 정책 시스템을 구축해야 한다. 즉 디자인의 역할과 과제를 도출하고, 이 과제를 이루기 위해 정부가 기업의 역할분담 범위를 규명해야 한다.

넷째, 중국 디자인기관의 디자인 진흥을 위한 정책이 매우 부족한 실정인데, 이를 위한 방안으로 정부부서 내에 디자인 정책 담당부서를 신설하여 실질적인 디자인 진흥정책을 수립하고 집행해야 한다.

다섯째, 디자인 관련 정책의 사안별로 각 부처의 업무를 구분하여 전문적인 업무처리가 되도록 한다. 디자인 관련 정책 문제는 각 부처 간 상호 협력을 통해 입안하고 시행해야 한다.

여섯째, 국제 경쟁력 강화를 위한 디자인 정책을 수립할 때에는 다양한 디자인 전문 인력을 활용하고 정책수립 시 디자이너를 적극 참여시켜야 한다.

일곱째, 디자인 진흥을 위한 효과적인 정책 수행이 가능하도록 충분한 예산 확보 방안으로 디자인 진흥기금 제도를 신설하여 적정 규모의 재정을 확보해야 한다.

이 글에서는 이러한 관점에서 중국의 디자인 정책 전략을 위한 21개 분야의 실행과제를 추진전략으로 정리한 바, 향후 중국 정부가 이러한 추진 전략과제의 구체적인 실행을 위한 통합적인 강력한 중앙정부 차원의 지원과 중국디자인협회를 중심으로 한 중국 디자인계의 노력이 융합되도록 적극적인 자세를 견지할 때 비로소 중국 디자인 정책과 전략이 글로벌 시장에서 경쟁력 재고가 이루어질 것으로 사료된다.

# 참고문헌

## 국내외 단행본

① 금진우, 「디자인 정책의 집행 체계 확립」, 『정보디자인학연구』, 3(한국학총서 5), 한국
  정보디자인학회, 2004.
② ____, 「디자인 정책의 형성 체계에 관한 연구」, 『2002년도 봄 학술발표회 논문집』,
  3(한국학총서 5), 한국정보디자인학회, 2002.
③ ____, 「디자인 진흥정책 체계의 문제점과 개선 방향」, 『한국디자인포럼』, 3(한국학
  총서 5), 한국디자인트렌드학회, 2005.
④ ____, 「디자인의 경제적 문화적 가치에 주목하여 디자인 정책」, 고신대학교, 3(한국
  학총서 5), 한국디자인학회.
⑤ 김종균, 「선직국 디자인 진흥체제의 유형분석과 한국의 발전방향 연구」, 『디자인학연
  구』, 3(한국학총서 5), 한국디자인학회, 2009.
⑥ 김영호, 「디자인 정책의 문화적 가치체계 확립에 관한 연구」, 대구대학교 디자인연구
  소, 2003.
⑦ 박재연, 「국내 디자인 진흥을 위한 통합디자인 정책에 관한 연구」, 3(한국학총서 5),
  한국디자인문화학회, 2008.
⑧ 임효선·조재경·이진렬, 「지역디자인산업 발전을 위한 지역디자인센터 운영 방안에
  관한 연구」, 『조선대학교 조형미술연구소지』, 2008.
⑨ 정경원, 「자인전략의 모방자에서 선구자로 : 한국디자인 진흥 전략의 발전 과정에 관
  한 고찰」, 『디자인학연구』, 3(한국학총서 5), 한국디자인학회, 2004.
⑩ 조동성, 「한일산업정책비교연구」, 『경제학연구』, 3(한국학총서 5), 한국경제학회, 1997.
⑪ 조동성·이동현, 「디자인 디자인산업 디자인 정책」, 『디자인하우스』, 1996.
⑫ 정정길, 『정책학 원론』, 대명출판사, 1997.
⑬ 정보금, 「21세기 문화산업을 위한 공공디자인 정책 연구」, 한국학술정보(주), 2007.
⑭ 정경원, 『사례로 본 디자인과 브랜드 그리고 경쟁력』, 고려피앤택(주), 2003.
⑮ 이일규, 김태완 역, 『21세기 국가선진전략』, 세계디자인경영연구원, 2009.

⑯ 알페이 얼, "디자인 정책과 글로벌 네트워크, 세계 디자인 정책의 현황과 미래", 2002.

⑰ Bri tish Library. *"Help for Ressearchers Great Exhibitions. Retrieved 1 December"*, 2008.

⑱ Center for Business Ressearch, *"Manchester Business School, International Evidence on Design"*.

⑲ "Design Policy and Promotion Programmes in Selected Countries and Regions", 2003.

⑳ "Department of Innovation Industry & Regional Development, Developing Victoria's Design Capability", 2003.

㉑ "Design Census, 코리아디자인센터, 2002.

㉒ "Design Forum Finland. Design Forum Finland-History, Retrieved 1, November", 2007, 2006.

㉓ "Design Council, Design Around THE world", 2008.

㉔ Dr. Elizabeth D, Tunstall, *"Mapping the Design Policy Landscape"*, SEEdesign bulletin Issue. 5, 2007.

㉕ _____, *"Mapping the Design Policy Landscape"*, SEEdesign Buletin Issue 5, 2007.

㉖ Dr. Elizabeth D, Tunstall and Casey Jones, *"Beyond the Document : Living Institutions of US National Design Policy"*, 2010 Design Management Review, 2010.

㉗ Dr. Elizabeth D. Tunstall. *"Mapping the Design Policy Landscape"*, SEEdesign Buletin Issue 5. 2007.

㉘ Eame, C., & Eames, R. *"India report (also known as Eames Report), Ahmedabad : National Institute of Design NIP"*, 1958.

㉙ Gisele Raulik-Murphy, *"Gavin Cawood. Historical review of the paradigm shift in design policies"*, 2010.

㉚ Gibbs-Smith, Charles Harvard, *"The Great Exhibition of 1851- a, commemorative album"*, London, H.M. Stationery Off, 1964.

㉛ H.Alpay ER, *"Does Design Policy Matter The Case of Turkey in a Conceptual Framework"*, 성남국제디자인포럼 2002 결과보고서, 2002.

㉜ Hyoene and Heikkinen, op. cit., "They also note the growing importance of social responsibility.p".

㉝ John Heskett, *"Toothpicks and Logos Design in Everyday life"*, Oxford University Press, New York, 2002.

㉞ Jaana Hytonen, MA and assisted by Hanna Heikkinen, B.Sc. *"Design Policy and Promotion Programmes in Selected Countries and Regions"* University of Art and Design in Helsinki, Designium World Design Series, 2003.

㉟ Michael Thompson(UK), *"Principal of Design Connect, Keynote speech, World Design Forum,*

*Seongnam"*, 2002.

㊱ Porter.M, *"The Competitive Advandtage of Nations, Free Press"*, New York. 1996.

㊲ Ramlau, U., & Melander, C, *"In Denmark, DesignTops the Agenda"*, Design Management Review, 2004.

㊳ Raulik, Gisele ; Cawood, G., & Larsen, P, *"National Design Strategies and Country Competitive Economic Advantage"*, The Design Journal, Volume 11, Number 2, September, 2008.

㊴ Robert Blaich & Janet Blaich, *"Made in Taiwan : Designing a New Image"*, Design Management Review, Volume 4, Issue 3, Summer 1993.

㊵ Stephen P. robbins, *"Organization theory : structure, design and application (3rd.)"* (N.J. : Pretice), 1990.

㊶ The Global Competitiveness Report 2009-2010, Klaus Schwab, World Economic Forum. 2010.

㊷ *"Takeshi Hirose, Design Policy of Kansei"*, 2008(JDF주최 ADNC 2008 발표자료).

㊸ *"The Royal Commission for the Exhibition of 1851(N.D.)"*, Abourt us, Retrieved 1 December, 2008.

㊹ Thenint, H, *"Design as a tool for innovation-Report. Brussels : PRO INNO Europe : INNO GRIPS"*, Marseille, 26-27 June, 2008.

㊺ Thorpe, A. Design policy, more thoughts, long-ish : PhD-Design@Jiscmail.ac.uk. 2009.

# 비정기 간행물

① 김승택, 「신산업의 발전비전 및 육성방안」 산업연구원, 1998.

② 보고서, 「중국 산업디자인 발전의 기회 및 도전」, 2006.

③ 2005 산업디자인 진흥대회, 「디자인산업 경쟁력 강화방안」, 2005.

④ 산업지원부 디자인산업 발전 기획단, 「Intergen Consulting, 디자인산업 진흥정책 현황 (선진사례분석, kidp) 국내외 디자인산업의 환경변화와 과제」, 2004.

⑤ 결과보고서, 「국가디자인 경쟁력 확보를 위한 디자인 전문회사 비즈니스 전략연구」, 산업자원부, 한국디자인 진흥원, 2003.

⑥ 손병호·이기종, 「산학협력의 허와 실 : 현황진단과 정책과제」, 전자형태로만 열람 가능함, 한국산업기술재단, 2005.

⑦ 이순종, 「디자인 정책의 현황과 전망」, 한국디자인산업연구센터.

⑧ 인터젠컨설팅, 「국가 디자인 정책 포트폴리오 개발」, 2006.

⑨ 일본경제산업성, "Takeshi Hirose, Design Policy of Kansei, (JDF ADNC)", 2008.

⑩ 전동력(陳冬亮), "베이징 산업디자인 추진센터 보고서"

⑪ 주더우(朱燾), 중국산업디자인협회 이사장, "중국산업디자인협회 제3회 이사회보고서"

⑫ 첸빙위, 중국 디자인 진흥 정책의 한계, 베이징산업디자인 진흥원장, "중국 산업디자인 진흥 정책의 현재".

⑬ 지식경제부, 「한국 제4차 디자인 진흥종합계획」, 2008.

⑭ 중국산업디자인협회 關于申報北京市, "設計創新提升計划". 2007.

⑮ 한국과학기술원, 「21세기형 국가디자인 육성전략 및 지원체계에 관한 연구」, 1999.

⑯ 한국디자인진흥원, 인터젠컨설팅, 「국가디자인 정책 포트폴리오 개발」, 2006.

⑰ _____, 「지역디자인센터(RDC)사업기획 조사연구 용역보고서」, 2002.

⑱ _____, 「디자인 지식정보 보고」, 2006.

⑲ 한국 산업디자인 진흥법 전문 1997.12.31. 법률 제3070호.

⑳ 한국 산업지원부, 「한국디자인의 중국 진출 연구」, 한국디자인 진흥원, 2003.

㉑ 한국디자인진흥원, 「중소기업의 디자인 개발지원」, 2009.

㉒ _____, 「National Design Compettiveness Report」, 2008.

㉓ _____, 「한국 디자인 진흥기관 역할모델 개발보고서」, 2006.

㉔ _____, 산업자원부, 「한국디자인의 중국 진출 연구」, 2003.

㉕ Design Korea 2005 보고서, 한국디자인 진흥원, 2005.

㉖ Gisele Raulik-Murphy, "Policies in support of design" Report, Dylunio  cymru design wales, DME Workshop Barcelona, 2008.

㉗ H.Alpay ER, Does Design Policy Matter The Case of Turkey in a Conceptual Framework, 성남국제디자인포럼 결과보고서, 2002.

㉘ Heskett,J, "Aspects of Design policy in History", SEE Bulletin : Issue2, 2010, January.

㉙ Raulik-Murphy, G. & Cawood, G.(2010). "Historical review of the paradigm shift in design policies". Proceedings of the Cumulus Shanghai Conference 2010 : Young Creators for Better City and Better Life. Shanghai, China : Cumulus Association. SEE Bulletin - Issue 4 (October 2010). PDR/Design Wales. 16p. ISSN 2044-3226. 2010

㉚ Thenint, H. Design as a tool for innovation-Report. Brussels : PRO INNO Europe-INNO GRIPS. 2008.

㉛ 李台安, 日本的設計政策, 工業簡訊, 1998.

# 학위논문

① 금진우, 「디자인 정책의 발전방향에 관한 연구」, 대전대학교 대학원 학위논문(박사), 국회도서관, 2000.

② 남기주, 「디자인 진흥정책의 현황과 발전방안에 관한 연구, 성균관대학교 학위논문(석사), 국회도서관, 2009.

③ 박재연, 「디자인 경영 전략을 위한 다중 디자인 정책 체계, 중앙대학교 대학원 학위논문(박사)」, 국회도서관, 2006.

④ 박재연, 「국내 디자인 진흥을 위한 통합디자인 정책에 관한 연구」, 3(한국학총서 5), 한국디자인문화학회, 2008.

⑤ 송상민, 「한국 디자인 정책 평가를 위한 핵심 성공요인에 관한 연구」, 홍익대학교 학위논문(석사), 국회도서관, 2009.

⑥ 신아정, 「정보화시대의 디자인 전략과 디자인매니저의 역할에 관한 연구 : 기업내 디자인매니저의 역할을 중심으로」, 건국대학교 학위논문(석사), 국회도서관, 2003.

⑦ 이윤희, 「기업 내 디자인 조직의 유형별 디자인 매니저의 역할」, 이화여대학교 학위논문(석사), 2006.

⑧ 정봉금, 「21세기 문화산업을 위한 공공디자인 정책 연구」, 홍익대학교 학위논문(박사), 2006.

⑨ 조규명, 「연구중심대학의 디자인 산학협력체계에 관한 연구」, 국민대학교 학위논문(박사), 국회도서관, 2008.

⑩ 최명식, 「한국디자인 행정체계의 개편과 정책방향에 관한 연구」, 국민대학교 학위논문(박사), 국회도서관, 2009.

⑪ 허강숙, 「글로벌 환경 변화에 따른 디자인 정책 발전방향 연구」, 경희대학교 학위논문(석사), 국립중앙도서관, 2008.

저자 ▌**왕설영**(XueYing, Wang)

　한국조선대학교 석사(시각미디어 디자인), 박사(디자인 매니지먼트)취득. 현재 중국 베이징 북방대학교(North China University of Technology : NCUT) 디자인 부교수이며, 베이징 고급(수古) 전문디자인 회사를 담당, 중국 산업 디자인 협회(CIDA) 학회, 중소기업청 디자인 지도위원으로 활동 중이다. 2008년 대한민국 디자인대전에서 시각디자인 분야 수상, 2009년 국제 디자인트렌트대전 수상, 2007년 한국 로타리 奬學文化財團奬學金에 選定 되었다.

# 디자인 정책이론과 응용 연구

**초판 1쇄 인쇄**　2015년 8월 19일
**초판 1쇄 발행**　2015년 8월 27일

**저　자**　왕설영
**펴낸이**　이대현
**편　집**　오정대
**디자인**　이홍주
**펴낸곳**　도서출판 역락
　　　　　서울시 서초구 동광로 46길 6-6 문창빌딩 2층
　　　　　전화 02-3409-2058(영업부), 2060(편집부)
　　　　　팩시밀리 02-3409-2059
　　　　　이메일 youkrack@hanmail.net
　　　　　역락블로그 http://blog.naver.com/youkrack3888
　　　　　등록 1999년 4월 19일 제303-2002-000014호

ISBN 979-11-5686-230-7 93300

정　가　17,000원

* 파본은 구입처에서 교환해 드립니다.

* 이 도서의 국립중앙도서관 출판시도서목록(CIP)은 서지정보유통지원시스템 홈페이지(http://seoji.nl.go.kr)와 국가자료공동목록시스템(http://www.nl.go.kr/kolisnet)에서 이용하실 수 있습니다.(CIP제어번호 : CIP2015022559)